geruisloos, ongemerk

geruisloos, ongemerk

Henali Kuit

ISBN 978-1-928476-44-3
ISBN ebook 978-1-928476-45-0

Deep South, Makhanda
contact@deepsouth.co.za
www.deepsouth.co.za

Verspreiding in Suid-Afrika deur
Blue Weaver Marketing and Distribution
https://blueweaver.co.za

Verspreiding wêreldwyd deur
African Books Collective
PO Box 721, Oxford, OX1 9EN, UK
www.africanbookscollective.com/publishers/deep-south

Deep South bedank die National Arts Council
vir finansiële bystand in die produksie van hierdie boek.

Omslagskildery: Mary Wafer, Untitled IV 2015, olie op doek
Omslagontwerp: Amy Nicholson
Teksontwerp en uitleg: Liz Gowans
Redigering: Marike Beyers, Pieter Odendaal, Toast Coetzer

INHOUD

1

Kaarte	9
Die garage	11
Kyk by my koeëlgat in	13
My moordenaar se vingers	17
Dad	19

2

André	23
Bokkie	24
Brink	25
Carel	27
Jesus	29
Iemand	32

3

Bonbon	37
Gat	38
Die verskriklike geklop	39
Cheese	41
Jou suurstof	43

4

Die vullishoop 49
HomeShop 53
My skat 56
Die mooi meisie 59
Die Wonderlike Menslike Liggaam 65
Beau 73
Wangta 76

5

Hardnekkigheid 81
Die dreinslang 82
Dié een 84
Fokken wonderlik 87
Gordonsbaai 89
Die bloukraanvoëlreservaat 92
Nat Speedo 95
Die verkeerdste ding 96
Dikkoppies 99

1

Kaarte

Ek en 'n ou vrou deel 'n woonstel. Ek was dronk in die biblioteek toe ek die advertensie spy. In hoofletters het dit geskree: 'ONAFHANKLIK, WERKEND, WOON DAAGLIKS AEROBICS BY'. HOE ROMANTIES, het ek gedink, ook in hoofletters – om 'n kamer by dié vrou te huur sou meer oor die vrou as oor die kamer gaan. Dit sou ook meer oor haar as oor my gaan. Sy het nie vereistes oor sober gewoontes of 'n werkgewer se getuigskrif gestel nie. Ook maar goed, aangesien ek nie toegang tot een van die twee gehad het nie.

Ek het ingetrek. Versigtig my matras langs die mankoliekige sideboard by die voordeur verby gestoot. Aanvanklik wou ek my nuwe woonstelmaat bevriend. Ek was gatvol vir alleenwees. Ek het myself in die ou vrou gesien, by wyse van spreke, en die sienery was wedersyds. As ons mekaar kon vind, het ek geredeneer, sou ons nooit weer spieëls of mans kort nie. Maar daar het niks van gekom nie. Ons was te besig. Met die webbe wat ons om ons dae gespin het. Wat haar betref, was daar die biblioteek en die spinklasse, die tradisionele geneesheer en die kerk. Dag in en dag uit. Wat my betref, was daar worry. Worry dat die ou vrou kombuis toe sou gaan ná ek gekook het, en in 'n mes sou trap wat ek onverklaarbaar laat val het sonder om weer op te tel. Worry dat ek 'n pot kokende water op die stoof gelos het. En dat sy daaraan sou stamp. Worry dat ek op haar sou afkom, op die kombuisvloer, met haar ouvrouvel moertoe gebrand, afskilferend soos tissue-papier. Ek moes alles check. Check dat ek niks skerp laat val het nie. Check en check en weer check vir kokende potte wat nimmereindigend bly kook. En ek moes lysies maak. Lysies stuur my worry die regte rigting in. Ek het byvoorbeeld lysies gemaak oor wat ek nie gehad het nie, wat ek gekort het, wat ek gesoek het, wat ek nie gesoek het nie maar in elk geval sou kry. Ek moes my lysies met mekaar vergelyk. Dis waarvoor hulle daar is.

Ek moes ook kaarte teken. Ek in my nuwe kamer, byvoorbeeld, styf binne-in my nuwe koördinate toegewikkel. En: ek omring deur die ou vrou se goed, haar kaggelkakkies en haar gehekelde lappetjies. Ek wat my hand oplig en – oeps – ietsietjie kosbaars by 'n gat met duisende kontoerlyne afneuk. Of ek en sy langs mekaar. Aan die gesig trek. Die plooie en lyne wat oor ons rimpel soos arseerlyne. Arseerlyne wat iets diep uitwys as jy net lank genoeg sou kyk. Partykeer raak ek snaaks en skryf my bloedgroep in netjiese drukskrif links-bo aan 'n kaart. Partykeer raak ek nostalgies en dan las ek my noodkontaknommer by. Een wat nie meer werk nie. Een wat my pa 27 jaar gelede by my keel afgedruk het.

Partykeer raak ek kwaad en skryf swartgallige briefies regs-bo aan my kaarte. Ek maak my oë toe, verbeel my ek kyk na die ou vrou terwyl sy in slow-motion ontplof.

Die garage

Op 'n dag word ek wakker en sien nee my pa het my prop uitgetrek en my in die garage kom afplak. Die garage strike my as die kakste plek denkbaar (miskien het ek nie veel van 'n verbeelding nie).

Mens het pap draaie in jou lewe. Pap draaie wat spoed afneem en in jou daaglikse roetines opdaag, en dis juis in daai draaie waar briljante goed soos mos broei en groei. Garages is op dieselfde beginsel uitgedink: broei en groei. Dis egter nie van toepassing op mý situasie en dié garage nie. Want my ma hoard. Dit gebeur mos soms dat dinge só oorweldigend raak hulle bigbang terug tot niks. Die garage is wel 'n dak oor my kop en die lot van minderbevoorregtes ontgaan my nie. Maar tog. Dis of die niks-nêrens 'n hand is wat my beetkry. Wat my só beetkry dat ek nie anders kan nie: ek spoeg in die lug op, en wag.

Iewers het ek gehoor waaruit skaduwees bestaan: die swart deeltjies wat sleutels afskei as jy hulle verkeerd by sleutelgate indruk. Nou ja. Wat skaduwees in die garage betref: nog nie 'n enkele een gesien sedert ek hier aangekom het nie. Nooit vantevore was ek so onsigbaar soos nou nie. Snaaks hoe dinge werk – toe ek nog in die sitkamer gestaan het, was my grootste begeerte om iets te word wat ek nie was nie. Ek het my dieët streng beheer, met 'n ystervuis. Ek was obsessief oor die patrone wat my gedagtes wou aanneem. Nou ja.

Veertig is seker die nuwe dertig, maar ek voel oud. Saans bid ek vir verlossing en die vermoë om tussen dag en nag te onderskei. As ek hande gehad het, sou ek aan myself vat. Maar al wat ek het is my sugte, my sagte onophoudelike sugte – 'n bevestiging van my kardiovaskulêre bestaan, ja, maar nie veel meer nie. Iewers het ek gehoor as jy nie kan sug nie, blaas jy op. Dit begin by jou vingerpunte en tone. As ek hande gehad het, sou hulle opswel. Hierdie is die soort goed waaroor jy nooit worry wanneer jy nog ten volle operasioneel is nie.

Kyk by my koeëlgat in

Ek het my stupid gehou tot my pa nie anders kon as om uit die oorlog te awol en na my te kom kyk nie. Ek het 'n onkapabele toestand opgedroom en voorgegee. My verstand is nie my eie nie, het ek (snik-snik) laat weet. Weet nie watter kant toe nie. Is holderstebolder en onderstebo. Kyk daagliks op na die berge! Is nog so blou, nog so blou. Ensovoorts.

En wragtig daag my pa op die stoep op. Grootmeneer in sy uniform, heel belangrik. Een oor morsaf in die oorlog agtergelos. 'Pappa!' roep ek uit, 'n blos hoog op my wange.

Asof dit 'n antwoord is, begin my pa sy sakke leegmaak. Ek hou my hand uit. Daar is 'n veer (sag en rooi). 'n Ystervarkpen. 'n Klompie blink klippertjies waaroor hy baie te sê het.

En laastens: 'n koeëlgat. Ronder as wat ek van 'n koeëlgat sou verwag. Bloederig, ja, besonders bloederig. Maar tog nie morsig nie. Sirkelvormig, in-fokus. My pa keer die koeëlgat in my oop hand om en dit is eensklaps myne: 'n gat regdeur my palm, knus langs die swel van my duim. Dit pyn. Soos leë goed maar pyn. Ek lig my hand op en kyk hoe die wêreld deur 'n bloedrooi raam daar uitsien. My tendons knipoog wit soos ek my hand eenkant toe anderkant toe kantel om te sien wat daar te siene is. Ek lig my hand en ruik. My koeëlgat ruik soos roes. En soos die plaas laataand.

My kinderdae op die plaas was die eerste geskenk wat my pa my ooit gegee het. Dit was per ongeluk 'n geskenk, want hy het nêrens anders gehad om my te laat grootword nie. Maar, ek hou vol (al is dit net teenoor myself): dit was 'n geskenk. En ek ag myself gelukkig. En nou gaan my koeëlgat die plaaslewe nog beter maak. Gaan hy in die wind fluit as ek oor die velde hardloop? Dít sal my hardloop meer van 'n hardloop maak. My hardloop op 'n hoë noot uitlig.

'Dankie, Pappa,' sê ek – my koeëlgat omhoog en die ander persentjies in my ander hand vasgeklem.

Asof dit 'n antwoord is, steek my pa sy hand uit en vryf my hare deurmekaar. Hy kyk kombuis se kant toe. Dít beteken: koffie asseblief. Vir my pa is ek 'n sagte entjie mens, 'n poplappie. Met sagte plekke in 'n half-sagte persoonlikheid. Op my beurt sien ek hom as die soort man wat uit die oorlog awol en woordeloos sy koppie koffie vereis.

Tog: hy hét vir my die koeëlgat gebring. En dit na ek net die blink klippertjies verwag het. Sien jy hoe ek hom onderskat?

'Room, Pa?' vra ek.

'En suiker,' antwoord hy.

Toe die ketel eers aan die kook is, hou ek my hand oor die spuit en kyk hoe die rook deur my koeëlgat trek. Dit is heerlik.

My pa verslind 'n hele bordjie Hertzoggies saam met sy koffie. Die soet se byt in die konfyt is lekker saam met die bitter koffie. Ek weet mos.

'Ah,' sê my pa.

Die bordjie het ek met die rooi veer en drie van die klippertjies gegarneer. Toe die Hertzoggies op is, tel my pa die grootste klippertjie op en bring dit na sy mond toe – sy snor trillend van afwagting en dik van die krummels. Rats spring die pienk puntjie van my pa se tong uit en lek die klippertjie.

'Siesa!' hy bring die klippertjie vies tot reg voor sy goeie oog. En draai weldra die oog beskuldigend na my toe.

'Nog 'n koffietjie, Pa?' vra ek, die onskuld self. Hy knik.

In die kombuis steek ek 'n vet sigaar aan en maak die venster oop. Om rookseine vir my verloofde op die buurplaas te blaas. Ek vat 'n teug en lig my hand – bekyk my koeëlgat lank en met plesier terwyl die rook in my longe brand. Toe wens ek 'n wens en blaas die rook uit – rég deur my koeëlgat. Soos die rook dik deurborrel, voel ek 'n kinderlike genot na my lyf toe terugkeer. Die rook is rooierig toe dit anderkant uitkom. Soos 'n draak tuit ek my mond en blaas 'n lang shofar rook. Ek pomp my arms – verbeel my dít sal die rook éérs laat kom. Weer vat ek 'n teug. Vier keer asem ek uit: een lang streep en drie kortetjies – een maer mannetjie, dus, en drie met 'n boep. My koeëlgat word prikkelrig daarvan.

Amper dadelik kan ek my pa van die stoep af hoor. Maar daar is niks woorde om te hoor nie. Net 'n snork. Wat beteken hy sou 'kyk wie kom hier aan' gesê het, as hy nié snorke bo woorde verkies het nie.

'My man!' roep ek uit, want ék verkies woorde.
En toe – in 'n vlaag gevoel wat my ontkant vang – stol ek voor die kombuisvenster en begin my spiksplinternuwe koeëlgat soen, vry. 'n Warm veeg plesier begin agter by my boude al teen my rug opkruip.
Buite hoor ek die mans keel skoonmaak.

'Sit jong,' sê my pa, en my verloofde let beleefd op my pa se af-oor en so ook op die reuk van oorlog wat uit sy handskud opslaan.

Ek berei die koffie noukeurig voor en bied dit keurig aan. Die Herzoggies netjies op 'n bordjie, weer eens gegarneer met die rooi veer en die blink klippertjies. Met my een oog toe, kyk ek deur my koeëlgat hoe die lekkernye deur die rooi raam lyk.

'Ah,' kreun my pa goedkeurend toe ek die skinkbord op die stoep uitbring. My verloofde staan op en glimlag. Sy oë speel oor my en rek toe hulle op my koeëlgat beland.

'Wat het gebeur?' Hy vat die skinkbord by my, sit sy gesig digby my hand.

'Niks nie. Dit is 'n geskenk van my pa af.'

'Ek sien.' Hy het omtrént gesien. Hy het twee koppies koffie en drie Hertzoggies afgepolish en heeltyd, al kouende, was sy oë vasgenael op my koeëlgat. Omdat ek met die helm gebore is, het ek geweet hy het na my koeëlgat sélf gesit en kyk. Nie daardéúr nie.

Ons het 'n ruk so gesit. Tot die skemer koel-koel om ons uitsak. My pa het genoegdanig gesug. Ek het opgemerk hoe mooi die plaas is. Met dít het my pa beduie: toe, toe, dis tyd om in te gaan. Ek het in die sitkamer gaan sit, beentjies op die vrybankie gevou. My verloofde het gewag tot my pa kamer toe is voor hy by my kom sit het.

Met sy arm wat kort-kort teen myne skuur, en my pa wat naderhand sy keel in sy kamer begin skoonmaak, het ek 'n gloed stadig in my bors voel groei.

'Ek moet aanstaltes maak.' My verloofde het dít meer as vier keer gesê. En tog nie gegaan nie. Hy het by my bly sit. Twee keer my hand gevat, opgelig, by my koeëlgat in gekyk en geglimlag. Ek het toe besef wat daar geskryf staan, is waar: elke gelukkige gesin is dieselfde.

My moordenaar se vingers

My moordenaar flip my om en lig die lap vel wat hy uit my bo-lyf
uitgesny het op. Hy sug lekker.

My moordenaar het manshande. Die manshande van 'n
baskitaarspeler, sou ek sê. Die vingers loop so teen hulself af –
soos onderstebo icecream cones met die roomys wat afsmelt. My
moordenaar laat sy vingers dans. Soos 'n see-anemoon.

'Kom tot die punt, Fiela Vlooi,' snou ek hom toe.

'Sjarrup jy, puisiegevreet!' kap hy terug en klap my agter teen
my kop sodat my gesig muur toe draai. Die ergste deel van dood
wees, is dat ek nie kan omdraai en hom 'n vuil kyk gee nie. Mense
is nog altyd te bang om my reg in my gesig te kyk. Asof een van
my puisies op hulle sou ontplof as ek my gesig moes trek om met
hulle te interface.

My moordenaar begin oor die punte van my ribbetjies te streel.
Met sy vingerpunte. Met sy palms laer as sy vingerpunte. Soos 'n
musikant wat nie weet wat hy doen nie. Wat nie sy tegniek ken nie.
Soos die teenoorgestelde van 'n goeie pianis. Gat oor kop, duime
en vingers. My moordenaar begin sy vingers teen die punte van
my ribbetjies te raps. Eers liggies. Soos 'n katjie wat speel.

'Daarsy,' mompel hy en piets my heel onderste ribbetjie hard.
En toe weer. Amper asof my bene hol is en hy wil hoor hoe leeg
dit binne my kan eggo.

'Asemrowend,' snak hy en piets weer.

'Mal fokker,' sê ek vir die agterste muur

'Sjarrup, jy!' met 'n klap onnodiglik hard agter teen my kop.

My moordenaar het tunes op my begin speel. Die tunes wat ek
voorheen vir myself moes leer omdat niemand by die skool ooit

regtig met my gepraat het nie. Eenvoudige tunes wat hakkelrig uitkom. My moordenaar is obviously 'n beginner.

Maar hy het verbeter. Mettertyd het die skuur mosseriger en mosseriger en toe weer droër en droër geraak. Die donderstorms het plek gemaak vir die hoëveld se droë wit lig om in strepe oor my verrottende lyf te val. Daar is 'n tyd vir alles, sê die Prediker, en die tyd vir my moordenaar om te verbeter was voleindig.

Op 'n dag lig hy sy arms bo sy kop en verstrengel sy vingers. Hulle knak hard en lekker. Sy oë rek toe hy dit hoor.

'Hoor jy?' vra hy en kyk verwonderd na sy hande. My moordenaar het sy palms teen mekaar gevryf, hulle diep in my gapende lyf ingedruk, en my 'n laaste keer gespeel. As ek my kop kon draai om hom te sien musiek maak, sou ek. Maar ek kon nie. Ek het deur 'n gleufie in die agterste muur gestaar. Blou blommetjies tussen die lang gras buite gespy.

My moordenaar het 'n gat in die jaart gegrawe en my binne-in gesit. 'n Hoop grond langs die gat gelos en nie gebodder om my toe te gooi nie. Mettertyd het die onkruid swierig op die hoop begin groei en die langes dip nou by my gat in. Ek kyk hoe die miere op- en af klim. Partykeer vlieg 'n voël verby.

Dad

Maria stoot haar pa van 'n krans af, maar moenie snaaks dink nie, dit is dalk net 'n heuwel. 'n Koppietjie. Haar pa vlieg. Tog nie regtig nie. Sy stoot haar pa want hy is in 'n rolstoel en hy staan nie, hy loop nie, hardloop nie, vlieg nie. Hy lig nie sy kop nie. Of hy lig wel sy kop en skreeu van die lag. Hy is 'n man vir 'n hoed en die hoed waai af. Maria se pa lig sy kop en skreeu van die lag. Hy dra 'n hoed want sy kop kry koud (so blerrie koud) met die oudwordslag. Die wind waai haar hare terug want sy hardloop teen 'n heuwel af en stoot haar pa. En dís hoekom sy hoed afwaai en wegvlieg. En hoekom hulle lag. Dis net hy en sy.

Of dis al drie van hulle. Maria en haar suster. Wat vir hulle pa sorg soos hulle vir hulle eie babatjies gesorg het. Die susters lag. Hulle maak maar of hulle nie baklei nie. Nie oor die hospitaal nie, nie oor die geld nie, nie oor die nursie wat beslis of beslis nie by die pa steel nie. Maar eintlik baklei hulle wel. Amper onophoudelik.

Behalwe vandag, god weet hoekom. Maria stoot haar pa by die heuwel af en haar suster roep, 'Dad, jy vlieg!'.

Maria stoot haar pa van 'n krans af, maar dis nie eintlik 'n krans nie. Haar pa vou sy een arm oor sy borskas. Die benerige voëlhok van sy borskas. Maria tel die hand op en vou dit in hare toe.

2

André

Ek luister so na die helfte van alles wat by André se mond uitkom. André is wat ek hom noem omdat André aan André P. Brink herinner. Brink – hero, deadman. Al verskil is: my André is dom. Hy's kort. Hy het HPV. Die soort wat vratjies op jou besigheid maak. Dié soort is erger as die soort wat tot kanker lei. Ek weet daai's 'n kak ding om te sê, maar dis hoe ek voel. Eendag vat ek 'n slukkie van sy koffie, en dit is nie koffie nie, dis brannas. Op 'n dag vou André dubbeld van die huil. Sy ma, sy ma! Sy ma is vermoor toe hy klein was. Sy pa of sy oom het die dirty deed gepleeg.

'Daai naaiers,' huil hy, 'daai fokken naaiers.'

Dis tyd vir seks. André is besonders vaardig. Ek het vir lank nie besef seks kan goed wees nie. Dis nie vir my beskore nie, is al wat ek besef het (hard en telkens). Die Here, met al sy streke, bemaak sekere soort geskenke slegs aan sekere mense. Party mense word beloon vir wat hulle in elkgeval reeds het. Die vermoë om na partytjies toe te gaan, byvoorbeeld, en daar hulle hare oor hulle skouers te gooi. Sulke vermoëns lei tot die soort omstandighede waaruit seks kan blom. Fluistery, giggelry, hitte. Ek fluister my stupid geheimpies vir André se ballas. Ek soek stil-stil vir vratjies.

'Daai fokken naaiers,' kreun hy, helemal begeester, en gryp my skouers, en skud sy vuis vir die Here.

Bokkie

'Oneweredig,' sê André. Onregverdig, by implikasie.

'Hoe bedoel jy, André?'

'Jou benadering,' sê hy, 'jou buie. Jou moerse fokken verwagtinge,' (ek sluk), 'van my.'

Ek wens ek kon my arm gebruik om op te styg. Maar my arm is net 'n arm. 'n Bolognaise van bloed en pees.

'Jy neul,' sê hy. Hy raak bleek as hy stry. Hy blaas af soos 'n fietswiel afblaas.

'Ek, uh,' stamel ek.

Ek stamel, maar ek probeer. Ek probeer, maar love is 'n battlefield. Hy vee onsigbare spinnerakke van sy gesig af. Sien hy my arm? My arm is pragtig. Dis my beste deel. Godin-agtig, pragtig. André is onoplettend, maar die hoop beskaam nie. Miskien word hy nog op 'n dag wakker met die besef dat ek drie arms het. Die bloue is reg in die middel van my borskas. So asof 'n brawe maar swaksiende ridder my vir 'n vampier aangesien het en my arm vir 'n houtdolk.

'Bokkie?' Hy raak gou moeg en hy hou nie van baklei nie. Maar dit gee hom nie die reg om te jok nie. Ek is niemand se Bokkie nie.

Op 'n Sondagagtermiddag het ek op my arm afgekom. Agter die hoenderhok. Blou tussen die vere en klippies. Mense soos André slaap Sondagagtermiddae. Maar ek hoef nie. Nie toe nie en nou nog minder.

'Ek kan nie so aangaan nie,' sê André. Omdat hy nie 'n arm het nie. Ek bedoel, hy het arms. Maar nie soos ek 'n arm het nie.

'Skryf vir my 'n brief, André.' Dit is my antwoord. Oor die gedig met dieselfde naam. André sug. Ek maak 'n vuis met al drie hande.

Brink

Ek was op twintig vir die eerste keer verlief gewees. Dit het my hard getref. Ek wou liggaam en gees verlief wees. Heelaas, my prinses wou nie die fisieke ruim met my betree nie. Met fisieke ruim bedoel ek: iets van my binne-in iets van haar en andersom. Sy't gesê sy dink nie dis sonde om gay te wees nie. Maar die Here… die Here belet ons om sletterig te wees. Hy belet dit in die Bybel. Dís wat daar geskryf staan, Sus. 'Duidelik,' het sy gesê.

Ek het van beter geweet, maar ek was te slim om haar reg te help. Daar is 'n tyd vir wag en 'n tyd vir naai. Daar is 'n tyd vir alles, sê die Prediker. So. Ek het geduldig my tyd afgewag. Solank haar boude oor haar jeans warm gevryf. Ons het gevry en gedruk en gehump, klere ten spyt (ter wille van die Here). Met die hump het haar tieties uitbunding in haar t-shirt geskud en ek het gestaar.

Naderhand het ek begin wonder hoe die seks wat ons nie gehad het nie (ter wille van die Here) anders sou wees met kaal lywe. Seker nie veel nie, het ek gedink, heel kuis en heel verkeerd.

Sy het soos sigarette geproe. As ons wou soen, moes sy op haar tone staan. Haar bed het voor die venster in haar morsige klein kamertjie gestaan. Bladmusiek en Bybelversies met prestikkolle die mure vol. Nes sy in God geglo het, het sy geglo onnetheid is kreatief, kunstig. Haar kitare het half-besnaar rondgelê. Half-geverfde skilderye en half-geëte toebroodjies het op elke oppervlak denkbaar gelê en verrot. Die kamer het desperaat geruik. Niemand het haar verstaan nie. Dit het my papnat gemaak.

Daar was 'n verjaarsdag en ek het vir haar 'n boek gegee. André P. Brink.

'P is vir poes,' het ek gegrap.

'Weet jy wat Mandela vir hom gesê het?' het sy gevra, en reggemaak om my te hump. Ek het nee gesê, al het ek geweet sy bedoel Breytenbach, want Brink was nooit in die tronk nie.

'You changed the way I saw the world,' belangrik in Engels, met haar stem wat opvlam soos my knie teen haar klit druk.

'The world?' het ek ge-eggo en my hande op haar boude gesit.

Carel

Die tannie kyk stip na Carel se hemp. Sy kyk na sy ma. Sy ma kyk terug. Die kyk beteken: moenie vir Carel sê nie. Partykeer sê Carel se pa 'goed, dankie' vir die TV in plaas van die persoon wat die vraag gevra het. Partykeer sê sy ma 'nee, dankie' en kyk weg. Kyke is daar om sinne klaar te maak.

Carel kyk op soos die tannie haar hand om syne vou, en dit op die heel boonste knopie van sy kerkhemp neerbring. Met haar ander hand vroetel sy met die leë knoopsgat aan die anderkant. Wat is Carel veronderstel om uit die tannie se vroetelry af te lei? Dat hy sy hemp verkeerd toegeknoop het? Wat nog?

Daar is 'n lae bedjie in die kamer, en die tannie sê hy moet sy hemp uit trek en gaan lê, plat op sy maag. Carel doen wat daar gesê word en amper dadelik kom die tannie se hande hard op sy rug af.

'Carel,' sê sy, 'jou stemmetjie is fyntjies en mooi, maar dis nie reg vir 'n grootseun soos jy nie.'
Is hy 'n grootseun? Die woord 'grootseun' draai soos 'n vuis in sy bors.
'Verbeel jou dis 'n perd,' sê die tannie en begin met die kante van haar hande hard en vinnig op sy rug te kap.
'Hoe maak 'n perd, Careltjie?'
'Perde runnik,' antwoord hy. Hy probeer soos 'n man klink.
Die tannie lag. En sy ma ook.
'Ja, maar hoe klink hulle hoewe?'
Sy ma se tong maak klips-klops-klips-klops langs die bedjie. Dít inspireer die tannie klaarblyklik en sy kap al woester met haar hande.
'Spoeg, kind,' sê sy dan.
'n Oranje emmer kom onder die tafel uit en word digby sy gesig

27

gehou. Hy spoeg.

'Toe nou,' sê die tannie, 'kry dit uit.'

'Kinkhoes,' sê sy ma, asof dit 'n antwoord op iets is. Soos wanneer sy 'geloof' sê om oor Jesus Christus te verduidelik.

'Nog,' sê die tannie.

Carel skraap paniekerig sy keel. Maar die emmer bly 'n onbevlekte oranje. Behalwe vir een armsalige spugie wat mislukkerig bo teen die rand klou. Die tannie kyk vir die emmer en klik met haar tong voor sy dit vir sy ma aangee.

'Hoe maak bye, seun?' vra sy, maar sy antwoord dadelik haarself.

'Bye gons.'

Carel verstaan dat hy die geluid vir die tannie moet naboots.

'Gons,' sê hy en weer klink sy ma se lag op. Hoër as haar regte lag.

Hard kom die tannie se hande op sy rug neer – die keer in kwaai vuisies. Carel kan nie meer onthou hoe sy lyk nie, maar in sy geestesoog het sy hangerige wange en hy sien hoe haar velle vies skud.

Jesus

Carel staan voor sy venters en voel die gevoel van binne-in sy kamer wees. Sy eie kamer, sy eie vier mure.

'Ek is 'n koning,' sê hy. Hy proe die woord 'koning'. 'Koning' proe magic.

'Ek is 'n man,' sê hy. Dis die waarheid, maar tog nie. Hy vat-vat aan die hare op sy gesig. Hy kyk na sy hande. Sy hande is klein en maagdelik. Skielik hoor hy die deurklokkie en sy hande spring.

Sy ma is nie tuis nie. Carel se werk, dus, om die deur oop te maak. Om te sien wie kom kuier het. Hy begin voordeur toe hardloop, hol twee-twee by die trappe af, spring oor die breakfast nook dat hy deur die kombuis kan koeksny. Maar toe sy voete die kombuisteëls tref, dink hy skielik aan geheimsinnige silhoeëtte in donker stegies. Is die voordeurklokkieluier iemand om voor bang te wees? Iemand waaroor die stories mens waarsku? Iemand wat Carel die breë weg toe sou lei? Iemand wat hom met dertig stukke silwer in ruil vir iets onnoemliks uit sy ma se huis sou wegrokkel? Iemand wat sou veroorsaak dat hy, Carel, ses jaar later in patetiese berou voor sy pa se voete sou verkrummel en om vergifnis smeek?

'Ek eet eerder my eie gesig met 'n mes en vurk as dít,' sê hy hardop, om homself af te skrik (van sy pa se aardige voete en die stink van skynheilige beterweterigheid op die ou man se gesig).

Hy besluit om versigtig te wees. Dis altyd beter om 'n situasie van buite af te bestudeer. Kyk eers mooi wat gaan vir wat, voor jy 'n deur in 'n onbesonne oomblik oopsluit. Tydsaam raak Carel aan elke laai in die kombuis (good luck, magic) voor hy tot by die agterdeur loop en dit saggies oopdraai.

'Klips-klops-klips-klops,' sê hy vir homself en galop agterom die huis. Hy sal die voordeurklokkieluier van agter bekyk, voor hy besluit wat om te doen.

'Mooiso, Carel,' sê hy vir homself en klips-klops by die voortuin in. Rats agter 'n groot boom in. Waaragter hy kan wegkruip en vir die voordeur kyk. Die voordeurklokkieluier staan vierkantig voor die deur. Hy stamp sy een voet ongeduldig. Carel snak na sy asem. Toe weer – net om dit te geniet. Die voordeurklokkieluier is Jesus. Jesus het baie gewig opgetel. Jesus lui weer die klokkie, klik met sy tong. Wat soek hy? Carel besef sy hand is op sy bors. Sy hand is seker baie opgewonde. Hy voel hoe vinnig sy hart onder sy palm klop. Sal hy iets sê? Hy wil!

'Wat soek jy?' Hy roep dit uit voor hy homself kan keer.
Sy stem klink fyntjies en krakerig, maar Carel voel die glimlag oor sy gesig smelt. *Ek is in vervoering*, dink hy.
Dit lyk nie of Jesus hoor nie.
'Godverlate,' sê hy en skop deur se kant toe.
Godverlate! Wat is Carel veronderstel om hieruit af te lei? Dat Jesus dink die huis is leeg? Of boos? Hy steek sy kop verder agter sy wegkruipboom uit, om te probeer sien of Jesus kaalvoet is. Maar hy het 'n lang, slordige gown aan wat sy voete bedek.

Ons huis is nié boos nie, dink Carel en voel hoe die klein homunculus in sy hart vies voetjies stamp.
'Haai, naaier!' roep Carel uit.
Dít sal Jesus leer om voor hulle deur op te daag en dit te skop.
Braaf tree Carel agter die boom uit en sit sy hande op sy heupe.
'Hello, is dit jy?' Jesus draai lomp om, en kyk verward in die tuin rond.
'Ja,' dit is inderdaad hy en daar is niks wat Jesus daaraan kan doen nie!
Carel haal sy hande van sy heupe af en voel vir sy kerkhemp se knopies. Hy knik tevrede: elke knopie is in die regte knoopsgat, elke varkie netjies op hok.

'Wat soek jy?' blaf Carel.

'Ek is hier oor die maan,' sê Jesus en begin na Carel se wegkruipboom aanwaggel. Hy hou half-ongemaklik aan sy gown se pante vas. Hy moet sy lang slierte hare met elke tree uit sy gesig uitskud. Carel voel hoe 'n glimlag teësinnig weer warm oor sy gesig smelt. Jesus is vrek oulik. Hy kan dit nie ontken nie.

'Ek het dit nie,' roep hy uit, en toe hy 'n sagte buiging in sy stem hoor, weet hy dat hy Jesus klaar vir die voordeurskoppery en die 'godverlate' opmerking vergewe het.

'Die maan is in die lug,' hy spits sy ore vir nog clues oor wat in sy hart aangaan.

'Wel, ja-nee, ek bedoel…' Jesus weet kennelik nie wat hy wil sê nie, maar hy kom al hoe nader aan Carel se wegkruipboom. Carel speel senuweeagtig met sy tone in die gras. Moet hy Jesus vir 'n koppie tee innooi? Hy kan tee maak. Maar wat van die goeters wat sy pa die wêreld vol laat lê? Goeters wat Jesus miskien nie sou aanstaan nie. Is Jesus die soort mens wat gillende by die deur sou uithardloop, sy hande omhoog?

'Ek is die soort mens wat oor alles worry,' sê Jesus beslis, 'dís die soort mens wat ék is.'

Carel se asem slaan halfpad teen sy lugpyp vas. *Het jy my gedagtes gelees?* Hy maak sy oë styf toe en stel hom voor sy hande reik na Jesus se gesig uit. Hy wikkel elk van sy vingers 'n paar keer (om tot by tien te tel) en wag vir Jesus se 'ja' om in sy kop weer te klink. Carel wil so graag nie alleen met homself opgeskeep wees nie. Maar die 'ja' kom nie.

En tog, toe hy sy oë oopmaak sien hy Jesus se gesig is baie, baie na aan syne. Hy voel Jesus se asem teen sy mond. Carel voel of sy hele lyf van kleur verander.

Iemand

Carel wikkel sy wysvinger soos 'n sywurm oor die brug van sy girl se neus. Sy wriemel in die lakens rond om stywer teen hom te gaan lê.

'Het jy dit in sy boude gesit?' vra sy, die ene glimlaggies, en rol die kop van sy voël luisaam tussen haar duim en middelvinger. Sy girl het altyd baie vrae oor Carel en sy verlede. Wie het hy gesoen? Wie het hy gevry? Wat het hy gedoen? Waar was sy voël orals in? Carel waardeer dit. Dit laat hom voel hy is 'n mens met 'n begin en 'n einde – met die wêreld wat eweredig om hom 'n sirkel lig skyn.

'Incoming!' gil Carel, en pluk die lakens van sy girl af. Hy blaas spoegerig poepgeluide op haar maag. Sy gil lekker.

'Stoppit met jou blase!' sê sy, maar sy lag. Carel vryf sy gesig oor haar maag.

'Jy krap,' kla sy, maar sit haar hand op sy gesig en trek haar vingerpunte oor sy stoppelbaardjie.

Carel wikkel ondertoe, sit sy neus tussen die biddende hande van haar vulva. Haar klit voel nog hard teen sy neuspunt.

'Boink,' sê hy en bons sy neus daarteen. Sy lag en verstrengel haar vingers in sy hare.

'As jy daar blaas, pluk ek jou kopvel af, ek sweer.'

'Nooit,' sê Carel, 'lugborrels in jou vagina kan jou doodmaak.' Hy lig sy ken op, loer deur haar krullerige swart haartjies vir sy girl. Dit ís so. Oor borrels en vaginas. Hy het dit op die internet gelees. Hy sit weer sy neus in haar vulva. Dit pas so knus. Hy maak sy mond oop en suig 'n bietjie. Carel stel nie belang in babas maak nie, maar hy wil wel hê iets moet tussen hom en sy girl se selle manifesteer.

'Met jou in my lewe,' sing hy mompelend teen haar nat vel, 'lyk die wêreld so mooi!'

Sy girl lag só lekker dat die springs in hulle matras saamsing.

'So vertel my,' sê sy, 'het jy dit in sy boude gesit?'

'Hou jou neus uit my sake,' antwoord hy, maar hy speel net.

'n Rukkie gelede het sy girl stip oor die kombuistafel na hom gekyk, 'Jy laat my voel ek is iemand,' het sy gesê. Carel het geweet sy haal een of ander fliek aan, maar dit het nie vir hom saak gemaak nie. Inteendeel, dit het haar woorde soeter gemaak – die idee dat ander mense ook hierdie tipe goed sê. *Iemand*, het Carel saggies vir homself herhaal en sy bene binne-in sy lyf voel lê.

'Babe,' sê hy en sit regopper, sy elmboog op 'n kussing gestut, 'my cherry, my patrysietjie.' Hy bring sy gesig al hoe nader aan hare.

'Ek het 'n naam, Carel.'

'Mejuffrou Tieties,' sê Carel en gryp en skud haar hand.

'Fokof,' lag sy.

3

Bonbon

Daar's 'n bonbon op my palm. Met sy blink foelie, sy pienk hartjie-prentjie, die snaakse saamgooi van letters, wat herhaal (soos 'n bakleiery): bon en bon.

My niggie gryp my aan die arm. Muggie, muggie, spoeg sy haar troetelnaampie angstig uit, wat as dit gif is? Ek kyk hoe haar mond beweeg. Ek kyk vir die rimpels om haar oë.

En dan vir die man. Die man wat wegstap sonder om terug te kyk. En ons soos Lot se vrouens daar laat staan het, tjoklit in die hand. Die tjoklit wat hy voor al die ander mense in die kafee aan ons twee bemaak het.
Little girls! het hy uitgeroep en die bonbon van die rak afgehaal (en so ook die geld uit sy sak).

Little girls! het hy gesê. So asof dit vir hom 'n bederfie was. 'n Pienk hartjie-bederfie: ek en my niggie agter hom in die ry, ek en my niggie wat in kleingeld betaal vir tweeliter melk en government brood.

Bonbons, het hy gesê, for you.

My niggie se blonde kop het bang tussen my en die man geflits. Maar ek, honger en 'n willewragtig, het my hand uitgesteek. Vir die tjoklit op sy hand. Die foelie het saggies teen my palm gekrap.

Dankie Oom, het ek gesê, instinktief. Instinktief soos die berou wat daar nagekom het. Omdat ek nie iets beter gesê het nie. Iets soos, Thank you, Sir.

Gat

Jy grawe 'n gat en begrawe als wat jy kan. Die gat is reg onder jou kamervenster. Saans smyt jy goed by die venster uit en die goed val heel netjies in jou gat in. Mense en hulle geligte wenkbroue mis nooit 'n kans om te ruik jy ruik soos grond nie. Om te sien jou naels is nie skoon nie.

Dus kan jy nie van die gevoel van verpligting ontslae raak nie. Kak of betaal is die wet van Transvaal en daar is altyd iets wat jy moet ontgeld. Dis jou verantwoordelikheid om aan te hou opdaag. In kamers, op plekke. Sit iets voor hierdie gevoel vas? Iets wat die opdaagslag makliker en meer voor die hand liggend sal maak? Hoeveel dinge sit moontlik voor hierdie gevoel vas? Of is dit tog net een ding? Een ding soos 'n pakkie two-minute noodle tegnies een ding is: een lang string verkeerde ding. Jy probeer dit uitfigure maar gee op. Omdat jou gat, 'n donker wonderwerk, reg buite jou kamerventer is. Dag na dag gaap die gat effe groter en sluk 'n lang lysie goed in waarsonder jy beter af is. Dis seker verkeerd, maar dis goed so. 'n Wonderwerk wat eintlik ook sy eie teenoorgestelde is.

En wat van ander mense? Dit sou goed wees om hulle almal rustig saam te sien slaap. In jou gat. Arms en bene verstrengel soos een two-minute noodle. Almal mooitjies saam onder dieselfde maanlig as jy, vas aan die slaap met die lug wat net-net deur die klonte koel grond trek. Eintlik is die gat nog nie groot genoeg vir sulke goed nie. Maar jy hou jou in. Jy wil niemand stukkend maak nie. Gate is vir grond.

Die verskriklike geklop

Ek moet uitkom. Trek my stoukies aan en draai my superman-kombers om my skouers soos superman self. Ek vat net my stank – omdat dit die een ding is wat ek áltyd vat. Saans sleep die dooiegoed hulle lywe by die stadsdreine uit en gooi hulself onder buswiele in. Almal toeter en blaas en skree.

'Warrefok!' skree die busse.

'Jou ma se poes!' skree die dooiegoed, met hulle gesigte vertrek. Ek skree nie en ek toeter nie, maar ek stink. Ek sweet reg deur my supermanmantel, die ongelooflike koue van hierdie stad ten spyt.

Ek sal nie verdwaal nie, want die stad het sy eie logika. 'n Logika wat ek kleingekry en my eie gemaak het. Sê maar ek is 'n piepklein power ranger en die stad 'n moerse robot. Ek sit in spandex neon binne-in die robot en druk knoppies en stoot handvatsels en die stad doen wat ek wil hê. Links, links, links, regs, links. Soos ek deur die stad stap, mars die stad voort. Ek dring al dieper die stad in. Die stad is myne.

Mettertyd besef ek dat 'n hond op my spoor is. Wanneer ek omkyk, lig hy sy klein gesiggie om my in die oë te kyk. Sy oë is pure hond: helemal swart, blink, analities. Honde herinner my aan daai skildery waarin hulle op hulle sterte sit en poker speel, sigaar in die pote, aan die politiek praat.

Die een wat my volg, kyk my op en af. Bereken hy die spoed waarteen ek – stomme mensekind met lomp arms en bene – myself deur die stad kan voortruk? Hy lek sy snoet. Hy vergelyk my ledemate met syne. Myne is meteen triomfantelik, te lank en te kort. Syne is kompak en dinamies. Hy lig sy kop (triomfantelik, seker). Ek skoffel terug in my stoukies. Hy kom al hoe nader.

Agter my skree 'n baba skerp en skielik en sy skree klim diep in my linkeroor in. Asof die baba 'n kokkewiet op my skouer is. Toe ek omdraai, sien ek ek het op sy ma se tone getrap en ek beduie gedweë: jammer, jammer. Sy beduie terug: nee wat, jong. Maar die baba raak al hoe kwaaier en hy trek sy gesig soos dooiegoed. Soos hy huil spat die snot op sy ma se hare.

By my huis is die enigste ander mense dié in my rekenaar. My huis byt elke dag nog 'n homp van my af. Maar hier buite is die hond reg agter my, en die baba reg voor my. Of andersom. Ek moet hulle sidestep, my supermanmantel styf vashou en my tone onder teen my stoukies vasknyp dat hulle nie afval as ek wil hardloop nie. Dis noodsbelangrik om van die baba en die hond af weg te kom. Aan die linkerkant kan ek in die verkeer wegraak. Aan die regterkant kan ek in 'n groep rokende mans verdwyn. My hart jaag en ek kan dit duidelik sien: ek is 'n strateeg wat geprogrammeer is om die verskriklike gekloppery te probeer ontwyk.

Cheese

In die wasgoedkamer wat eintlik te vuil was vir só 'n naam, het ons tuimeldroeër gestaan en wag vir beter dae. My ma het op 'n beter dag afgekom en vlytig besluit om daarvan gebruik te maak: my summier binne-in die tuimeldroër gesit en space toe gestuur. Vir my was dit voor die hand liggend dat mense jou moet vra hoe jy oor space voel, voor hulle jou soontoe stuur. Maar dis nie hoe my ma operate nie. Dis seker moontlik dat sy die here of yoga sedertdien ontdek het, maar ek twyfel.

Mense soos ek en sy verander nie. En ons lot in die lewe verander ook nie – wat verklaar hoekom ek deesdae soos Pietsnot al om Ananke piekel. Ananke is Jupiter se kakste maan. Dís hoe my luck werk. Of laat ek eerder sê, hoe dit nié werk nie.

'In met jou en sjarrup!' het my ma daai dag gesê, en ek het my ou lyfie in twee gevou en hard gekonsentreer om my elmboë sag te maak. Toe het ek hulle onder my ken vasgeknyp en hard gekonsentreer om my knieë lam te maak. Soos 'n leë kussingsloop het ek grond toe geval en ek het hard gekonstreer om my sagte voue saam te trek totdat ek in 'n balletjie opgerol was.

'Ín met jou,' het sy gesê, met 'n klem op die 'in', soos jy kan sien, en ek het myself tot voor in die tuimeldroër gerol. Dit was koud daarbinne. Ek het óf gebewe óf gevibreer toe sy die deur toeklap. 'Dit sal jou leer,' het sy gesê en die tuimeldroeër steunend en kreunend opgetel en buitentoe gedra.

'Nog 'n laaste ding,' soos my ma die deur oopgemaak het, het die lig en die reuk van perskebloeisels my met die volle glorie van lente op die hoëveld getref. Sy het gegrynslag. Haar mond was rooi. My ma het nader geleun en haar selfoon uit haar gatsak gehaal.

'Cheese,' het sy gesê en 'n foto geneem. Sonder om my toestemming te vra.

'Wat het ek verkeerd gedoen, Ma?' het ek gevra, maar sy het net vir haar selfoon geglimlag.

'Wat het ek gedoen, Ma?' het ek gevra soos sy die tuimeldroër bo-op 'n miershoop begin maneuver het.

'Wat het jy gedoen?' het sy gevra. Gewoon, soos 'n mens 'n vraag oor 'n vraag vra. Soos 'n wafferse doelskopper het sy eers twee treë agteruit gegee, hard gekreun, en my reguit en vinnig space toe geskop.

Jou suurstof

Jy was te besig vir my. Ek was anyway mal oor jou. Mal daaroor om saam met jou in space te wees. Jou dik handskoen-vingers wat op jou foon getik-tik-tik het en die skermpie se blou lig rustig oor jou lieflike gesig. Jy het altyd so vreedsaam gelyk. Terwyl ek in my space-pak moes swoeg en sweet, met jou suurstof teen my maag vasgeklem. Kort voor lank sou mý suurstof vir my begin biep en flits en my helm toestoom. Maar ek het jou suurstof aanhou dra.

Omdat jou suurstof deur 'n klein pypie al die pad na jou helm toe opgekronkel het. En omdat jou gesig in daai helm was. En agter jou gesig: jou brein. Twee goed waarsonder ek myself nie kon of wou voorstel nie. En ek kon my nog minder 'n lewe sonder suurstof voorstel. Dis hoekom ek joune aanhou dra het.

In space is daar natuurlik geen middernag nie, maar ek het tot lank na my idee van middernag wakker gebly, om seker te maak dat ek nie jou suurstof laat val nie. Die res van die wêreld (watookal van dit geword het) het ek myself voorgestel, was aan die slaap, of aan die saamslaap, of aan die worry oor die lewe met 'n glas kraanwater in die hand. Terwyl ek gewoon jou suurstof gedra het. Met 'n stil uitdrukking op my gesig.

Jy het met jou oë toe en rustig geslaap – soos 'n fetus in formalien. Jou hand het in 'n vuis tot by jou helm gesweef. Toe het jou duim uitgeskiet, tot waar jou mond was. Ek het altyd gewens ek kon 'n foto van jou só neem. Iets om na te kyk as ek jou nie meer sou hê nie.

Ek het jou suurstof gedra terwyl jy jou blokkiesraaisels ingevul het, en my uitgevra het oor sewe-letter woorde vir 'opwinding' of 'proteïen'. Soms het jy Antares se wentelbaan gevolg en vir my gesê waar hy was en waar hy sou wees. Sodat ek kon glimlag. Soms het jy na my gestaar. En my iets ouliks genoem. As dit gevoel het of die ruimte tussen ons wegval of oopmaak, wou ek aan jou vat. Ek droom steeds ek en jy is saam in een space-pak. Maar dit kon nie. Ons het soms probeer om aan mekaar te vat, maar die leë tieng van ons helms teen mekaar was al wat ons kon uitrig. Jy het hieroor gelag. Maar vir my was dit hartseer – om my voor te stel jou penis krimp weer sag, na ons nader aanmekaar gekom het en niks meer as tieng kon regkry nie. Ons situasie was alles behalwe ideaal. Maar dis mos hoe die lewe werk. Evolusie, natuurlik. Soms het ek my verbeel ek en jy is regoplopende primate. Hoog in 'n boom het ek myself aan jou bloedrooi en blou boude sien vat. Of soms het ek my verbeel ons is pterodactyls. Ons sou skreërig die pterodactyl-porn wat ons gekyk het toe ons nog by die huis was, nadoen.

Jy het helemal weggevoer geraak as jy eers begin praat het oor hoe baie jy dit mis om Halo te speel. Jy't jouself ontstel – die dikswart lug tevergeefs met jou space-pak-voete probeer stamp. Ek wens jy kon gelukkiger wees. Maar ek het jou tog aanvaar. Jou moerigheid het my gerus gestel, want ek wou nie gehad het jy moet té anders as ek wees nie. Ek wou ons gemene delers behou.

Ons het eenkeer op 'n oerwoud afgekom. Selfs tóé het jy nie aangebied om jou eie suurstof te dra nie. Jy't my soos 'n hoogswanger vrou met jou tenk teen my maag laat rondwaggel. Die oerwoud se ryk grond het jou space-pak bevlek en ek het gelag toe 'n blommetjie in die voue van jou elmboog vassit. Ons het saam begin sing soos ons vir aartappels en goed gegrou het. Jy't jou heupe stadig in jou lomp space-pak gewikkel en ek het my verbeel ek kon lang hare oor my skouer gooi. Ons het stadig in die dik atmosfeer getwerk.

Ek het jou suurstof gedra omdat jy vir my lief was. Ek is nie stupid nie. Ek ken 'n feit as ek hom sien. Ons harte was daar – binne ons space-pakke, besig om mekaar lief te hê in space se swart stilte, soos twee bakkies noodles in twee warm bakkies bloed.

4

Die vullishoop

Maak nie saak hoe baie vuilgoed ek maak nie, die vuilgoed verdwyn sonder uitsondering uit die buitekantste asblik. Dít is die geskenk wat ek vir myself uitgekies het: om te bly waar ek alles wat ek wil kan vergeet. Vuilgoed, enige iets. Verdien ek nie 'n lewe waarin ek soveel vuilgoed kan maak soos ek wil nie? 'n Lewe sonder skuldgevoelens, waarin ek bloot die vuilgoed by my mooi woonstel kan uitdra voor dit vir ewig verdwyn? Ek werk hard genoeg deur die week. Ek gaan soggens gepaint en gepolish by die huis uit en trotseer die wêreld met 'n skoon panty aan – nes my ma my geleer het. Ek verdien wat ek verdien en wat my toekom, kom my toe.

Daar is egter 'n probleem en die probleem is buite my beheer. Ek organiseer my vuilgoed baie mooi: elke dingetjie in 'n aparte sakkietjie. Maar as die vuilgoed eers by my mooi woonstel uit is – as dit by die vullishoop om die hoek aankom – is daar geen keer aan die chaos nie. Ek sien hoe die sakkietjies oopskeur. Ek sien hoe my tampons en die plastiek wat ek van my groente afhaal, saamval as my vuilgoed op die hoop gegooi word. Hoe my toonnaelmaantjies en opgeskeurde strokies soos konfetti deur die lug trek en op oorskiet spaghetti val. Quelle horreur. Wat kan ek doen? Elke aand hou ek my duime styf vas. Voor elke ete bid ek vir god. Ek skryf dit op my magie met elke volmaan. Dat die vullishoop sal verander. Dat die vullishoop soos ek sal word: georden, elegant.

***

Ek dink aan die ou vrou wat op die vullishoop bly. Asgat (ek of sy). Haar gehuggie wat 'n koepel oor haar staan, soos hande om 'n pasgeborene se kop. Het sy 'n papierkraanvoël langs haar? Om sy koppie elke dan en wan te streel?

Ek probeer dink waaraan sý dink. Miskien warm broodjies en warm tee. Sulke tipe goed. Goed soos 'n regte, klein huisie (nie die gehuggie waarin sy gebuk sit nie). Goed soos kinders by 'n dammetjie wat hulle vingertjies deur die water trek. Goed soos visse wat eenkant-toe-anderkant-toe swem, vaderlandswilgers, 'n gelag.

***

Ek sit pakkies koekies en swiets in 'n rooi plastieksak. Ek trek my skoene aan. Vat die sak en begin om die blok te stap. Hou my oë oop vir die ou vrou wat op die vullishoop bly, maar maak asof ek niemand soek en niks sien nie. Ek wil haar nie die skrik op die lyf jaag nie. Ek fluit deuntjies en kyk kamma vir my skoene. Die blok is ongewoon leeg. Niemand wil hier wees oor Nuwejaar nie. Nuwejaar is vir elders wees, vir weggaan. Nuwejaar is vir kluitjies en tertjies eet, iewers waar jy hulle regtig kan proe.

Maar ek het aangeneem die ou vrou is hierdie tipe luukshede ver verby. Maar daar is niemand anders aan wie ek koekies en swiets kan gee nie. Die ou vrou loop dag-in en -uit by ons straat op en af. Sy maak die vullishoop se mankoliekige hek oop en toe soos sy kom en gaan. Ek, weer, stap dag in en uit om die blok, omdat ek niks beter het om te doen nie. Soos nou, met 'n rooi plastieksak koekies en swiets in my hand.

Meteens is die vrou digby my elmboog aan die 'ekskuus' sê. Tussen my en die muur wat die straat en die vullishoop skei. Ek maak keel skoon voor ek 'wag' sê, maar sy wag nie en ek kan my hart voel skeeftrek. Ek het geweet sy sou nie wag nie. En as ek nie vir haar die sak koekies en swiets kan gee nie? Ek sal terug woonstel toe moet gaan. Die plastieksak op die vloer neersit, daarna moet staar.

***

Dit het tyd gevat om 'n heksekooksel in my woonstel te maak. Om die pot aan die kook te hou, by wyse van spreke. Ek het 'n gietysterpot oor die internet bestel, en die volgende dag het 'n paar seningrige ouens in rooi t-hemde opgedaag.

'Teken hier, Juffrou,' het die seningrigste een gesê, en die res het 'n swierige gietysterpot op sy ronde pens by my kombuis ingerol.

Ek het dadelik die Kook en Geniet uit my boekrak gaan haal. Verwonderd gekyk na die lysies name – almal kokke – op die eerste bladsy. Elke naam in verskillende (maar eenderse) handskrifte: agteroumagrootjie, oumagrootjie, ouma, ma. En, uiteindelik, natuurlik: ek.

Ek het lank en hard gedink voor ek op 'n resep besluit het. Ek het my potlood se punt natgelek en angstige notas in die kantlyne gekrap. Ek het drie dae lank die naglug dopgehou – vir die maan om op presies die regte plek te wees. Toe het ek begin opkap, begin kneus, begin vryf, kou, skil, spoeg en knyp. Ek moes weke soek vir al die kruie en speserye wat ek nodig gehad het. Ek het elke mark en winkel in die dorp op horings geneem.

Na 'n week se gebrou, ure se geroer en gewag en klontjies uitdruk – na dae van duime vashou en asem ophou en vingerpunte soen, het ek vir oulaas die swaar gietysterdeksel opgelig. Sukses! 'n Klein weergawe van die ou vrou wat op die vullishoop bly, het na my toe opgestaar. Ogies geknip bo-op 'n klein weergawe van haar vullishoop. Die droom van haar dammetjie en haar vaderlandswilger het geskitter in sy afwesigheid. Blink binne-in die donker bedompigheid van my gietysterpot.

Die ou vrou het my swygend aangekyk. Ek het my kop teruggegooi en 'n hand wat 'n bal foelie opfrommel agter in my keel voorgestel. My maag het ek twee, drie keer skerp ingetrek. Ek wou kekkellag, maar die klank wat ontsnap het, was nie wat ek in gedagte gehad het nie. Stoom het dik oor die klein ou vrou en haar klein vullishoop geborrel. Met my hand het ek dit probeer wegwaai, bietjie geblaas ook. Ek het gedag sy sou kwaad word, haar klein vuisie lig en lelike goed skree. Maar nee, sy het swygend haar oë geknip. 'n Ontsettende mooi prentjie.

HomeShop

Almal in Seoul se werk was kak. Youngmi moes haarself daagliks herinner om nie 'n gegewe perd in die bek te kyk nie. *Ek moet dankbaar wees* – sy het die konsep van dankbaarheid soos 'n horlosie op haar pols gedra. Netjies hello en koebaai vir die HomeShop customers gebuig. Omdat dit haar werk was, en omdat sy haar werk wou doen. Elke keer as die Homeshop-liedjie oor die interkom speel, het sy ook die dansie gedoen (samewerking, spangees).

Daar's 'n sê-ding wat nie lekker vertaal nie, maar dit kom daarop neer dat gelukkige mense twee keer so gelukkig is, as wat hartseer mense hartseer is. Youngmi het haar eie derde been vir die sê-ding uitgedink: die wat nêrens is, is drie keer soveel nêrens. Dit was vir haar 'n troos, die derde been. Elke keer as sy hallo of koebaai gebuig het, het sy daaraan gedink.

Dit was lente en sy was mal oor die lente. Maar HomeShop was binnenshuis: drie ondergrondse en vier bo-grondse vloere. Die bestuurder het Youngmi op die *Exercise, Machines & Accessories* vloer staan gemaak. Sy ou grappetjie (omdat Youngmi vet is).

Sy't besluit om hom te vergewe. Wat het dit in elk geval saak gemaak?
'Mense is nie téén jou nie,' het sy 'n meisie getroos wat huilend in die personeelbadkamer voor die wasbakke gestaan het, 'mense kyk maar net na hulself'.

Sy moes haar eie raad ook volg. Veral as sy by die huis was, in haar gesin se klein woonstelletjie. As haar ma vir haar te veel word, moes sy haarself hard herinner dat haar ma maar net mens was. Nes sy, Youngmi, net mens was. Soms het sy 'n herinnering herroep: haar ma en pa wat langs mekaar wakker lê en die neon van oorkant die

straat wat ritmies deur die venster val en pienk en groen in haar ma
se oogballe herhaal.

'Jy,' het haar ma vir haar pa gesê en haar wysvinger op sy neus gesit,
'spook my lewe lank al by my.' Haar pa het sy hand gelig en haar
ma se wysvinger in sy palm toegevou.

★★★

Dis nie dat sy dink dis 'n schlep om elke aand haar handsak huis
toe te bring nie. Dis nie dit nie. Youngmi weet nie hoekom sy haar
handsak in haar HomeShop locker los nie. Sou aaklig wees om te
dink sy sit by HomeShop vas. Soos haar handsak in haar locker sit.
En tot só 'n mate dat sy nie eers haar handsak iewers anders heen
wil vat nie.

So paar jaar gelede was HomeShop in die nuus omdat nie een van
die honderde takke landswyd hul duisende werknemers eers 'n
uur wou afgee om tydens die nasionale verkiesing te gaan stem
nie. Toemaar wat, het sy gedink, dit sal in elk geval te lank vat om
te stem. Die pendel en die lang toue en die bedompige geboue.
Volgens haar was hallo- en koebaai-buig op verkiesingsdag nie
so erg nie. Maar haar kollegas het onder mekaar gebrom en bot
geweier om die dansie te doen as die HomeShop liedjie oor die
interkom speel. Een van die vrouens wat by die till gewerk het, het
'n bottel sjampanje wat 'n customer wou koop, op haar toonbank
aan skerwe geslaan dat die drank en glas spat. Sy het in trane
uitgebars toe sy voor almal afgedank is. Die security guards het
styf langs haar gestap toe hulle haar via die roltrappe uitbegelei het.

Die customer wat die sjampanje wou koop, het 'n geskenkbewys
en 'n verskoning ontvang. Youngmi is ingeroep om diep vir die
man te buig. Die bestuurder het die geskenkbewys oorhandig,
maar hy wou nie so laag buig nie en almal het geweet dat iemand

anders dit sou moes doen. Sy het nie regtig omgegee nie. Dit was immers haar werk om te buig.

Daar was iets fout met die customer. Na Youngmi vir hom gebuig het, is hy *Clothing, Female* vloer toe. Hy't teruggekom met 'n rooi deurtrekker in sy hande, vir Youngmi gaan opsoek waar sy terug by haar pos was, aan die buig vir die *Exercise, Machines & Accessories* customers.

'Meneer?' het sy gesê en dadelik gesien daar was iets in sy vuis opgefrommel. Hy het iets soos 'lekker eet' gesê en sy vuis vir haar uitgehou. Instinktief het Youngmi haar hand uitgesteek, om te vat wat hy wou gee. 'n Splitsekonde besluit wat sy nie regtig gemaak het nie. Die deurtrekker het op haar palm geval, die prystag wat afhang. Dit was goedkoop, het sy gemerk, op uitverkoping. Die man het haar stadig op en af gekyk, gegrinnik, sy lippe gelek. Toe sy begin bloos, het hy omgedraai en met 'n sagte snorkie weggeloop.

Ek sal dit dra, het sy gedink. En dit sal my wraak wees. Maar later, toe sy die deurtrekker tussen haar twee wysvingers span (eers seker gemaak die deur na die personeelbadkamer is toe), was dit duidelik dat dit helemal te klein vir haar was. As dit nie 'n deurtrekker was nie, sou mens gedog het dis vir 'n kind bedoel. Sy het gefrons. Is dit die punt? Is die belediging nie dat sy 'n vrou is nie, maar dat sy nie klein is nie?

My skat

Om by HomeShop te werk, was baie soos om met 'n ou uit te gaan van wie jy nie rêrig hou nie. Youngmi het nie baie ervaring met enige ander soort ou gehad nie. Partykeer het sy gewonder hoe dit sou wees om aan die pragtige ma's wat by HomeShop kruideniersware koop, se mae te lek.

Elke keer as 'n groep hoërskoolmeisies roomys kom koop het, het sy na hulle gestaar. *Ek's gross*, het sy dan gedink. En dan heeldag gestry teen die neonflits van dié twee woorde op haar brein. Was dit gross, dit wat vieruur party Maandag-oggende met haar gebeur het? Die man wat oorkant Youngmi-hulle gebly het, se venster het op die een waarlangs sy geslaap het, uitgekyk. Die woonstelle daar rond het nie gordyne gehad nie. Sy plek het soos 'n eenvertrek gelyk, nes hulle s'n. Party Maandag-oggende vieruur het sy wakker geword omdat die man sy lig aangeskakel het, só naby was die oorkantse gebou aan hulle s'n. Ten spyte van alles wat al met haar gebeur het, het Youngmi nog nooit 'n penis kaal gesien nie, altyd net 'n bult in 'n broek. Maar tog was dit vir haar duidelik dat die man oorkant die lig aangesit het, en sy hand by sy broek afgedruk het, om sy penis in sy hand vas te hou. Hy het nooit sy hand beweeg nie. Net so gesit, gestaar en vasgehou. Vasgehou soos mense wat selfmoord hotlines bel en aan die gehoorbuis vasklou. Die meeste van die tyd het hy gewoon weer na 'n rukkie die lig afgesit en seker gaan slaap. Ander kere het hy lank bly sit en met iets langs hom gevroetel, iets wat Youngmi nie kon sien nie. Soms het sy gewonder of hy iets vir haar probeer sê. Of hy wil hê dat sy saam met hom moet weghardloop om iewers in 'n nimmereindigende na-nag te gaan bly.

Al hierdie verlange, het sy gedink, *en tog gee ek nie juis om dat ek alleen is nie.* Om die waarheid te sê: dis goed dat daar net 'n handvol goedjies van haar verwag word. Werk toe, huis toe. Dit was dit. Nie een van die meisies saam met wie sy op skool was, werk deesdae by 'n supermark soos sy nie. Maar sy het nie geweet of sy dit as 'n goeie ding, 'n slegte ding of as onnoemenswaardig moes beskou nie. Ten minste vier van haar destydse klasmaats is deesdae prostitute. En sy kry hulle jammer. Nie omdat hulle geld vra vir seks nie, nee. Oor al die ánder goed wat sy kan dink hulle moes doen. Dis nie dat mans hulle penisse wil indruk nie, nee, dis dat mans wil hê vrouens moet vir hulle rondhardloop. Dis hoe die lewe werk, het sy gedink en 'n gesig getrek. 'Kry gou vir my 'n glas water toe, my skat.' Of, 'maak bietjie 'n venster oop, my skat.' Of, 'wat van 'n bietjie lipstiffie, my skat?' Of anders: 'ek hou van 'n natuurlike girltjie.'

Wie gee 'n moer om oor waarvan jý hou, asgat? het Youngmi kwaad gedink.

Partykeer, as sy eers kwaad was, het sy haar 'n scenario verbeel waarin sy 'n prostituut in 'n kop-om-gat wêreld is. Sy sou in die bed sit, soos 'n chief, en vir die man eindeloos rond-order. Maak oop die venster, maak toe die deur, 'n bietjie water asseblief, 'n bietjie tee, 'n koffietjie, 'n sappietjie, opskud, opskud!

Sy het haar soms juis só verbeel omdat haar pa haar elfuur die aand in die reën kafee toe stuur vir sigarette. Het haar pa ook prostitute gaan sien? As hy het, sou daar eendag (op 'n reëndag!) 'n prostituut wees wat 'n mes uitpluk en haar pa keelaf sny? *Ek sou nie teëstribbel nie*, het Youngmi haarself met die gedagte verbaas.

Beide sy en haar pa het elke oggend werk toe gegaan. As haar pa in die aand tuiskom, het hy gaan sit en summier begin orders gee. Die orders was vermom as beleefde voorstelle en Youngmi kon haar brein oortyd voel werk. Sou sy kon uitpluis hoe om vir die beleefde voorstelle nee te sê, as sy slimmer was? Sy wou ook na werk gaan sit en TV kyk. Maar dit was skynbaar haar werk om elke vyf minute te moet opstaan en 'n pen of 'n horlosie of 'n bier of tjips te gaan haal. Om die vensters oop te maak of die deur te sluit. Terwyl haar pa voor die TV sit en sy stories kyk.

Stoppit! As sy te veel aan 'n prostituut se mes in haar pa se sagte keelvelle gedink het, het sy met haarself geraas. Want, ten spyte van alles wat al met haar gebeur het, was sy geneig om in goed wat sy nie kon sien nie te glo. Goed soos liefde, byvoorbeeld. Sy was bygelowig, soos al die vroue in haar familie. Dit was waar dat haar pa al vir meer as 'n dekade lank TV kyk terwyl hy beleefde voorstelle oor die rol van 'n jong vrou in haar ouerhuis huis maak. Maar hy sê tog soms, 'Ek is lief vir jou, my skat,' voor hy aan die slaap raak.

Die mooi meisie

Dis 'n kak en eensame tyd in Sam se lewe. As hy vir homself in die spieël staan en kyk, dink hy aan wat hy alles moet beheer: sy baard, sy tande, sy uitdrukkings. Aan die begin en einde van sy dae trek hy sy lakens op of af en dink vies oor die sikliese aard van beheer. Wat jy eers begin beheer, moet jy aanhou beheer. Sam wou selfmoord pleeg, maar hy was te chickenshit.

'Ek is bang vir alles,' het hy vir sy spieëlbeeld gesê en gemerk dat sy baard weer blou stoppels staan.

Gister is Sam se beurise vir die sewende keer gesteel. Hy het 'n tantrum gegooi toe hy dit by die huis agtergekom. Tydens die tantrum het hy woes om hom rondgekyk en kon nie help om op te merk dat sy woonstel 'n dak oor sy kop is nie. Dat sy vensters vuil en gekraak was, maar daar was. Toe voel hy skuldig oor sy tantrum, en vreemd skuldig dat sy beursie niks kontant in gehad het nie. Skuldig dat hy nie daai oggend geskeer het nie. Skielik het hy gewonder hoe kak 'n lewe sonder vensters moes wees. Hoe aaklig die wind vir jou moet wees as daar nie vensters in rame was om jou teen die wind te beskerm nie.

'Koffie,' hy het dit hardop gesê, om verdere skuld te keer.

Tussen die vuil kolle op sy venster deur, het hy sy buurvrou ook sien koffie maak. Sy het oor haar wasbak gestaan, en haar hare het los op haar uitgewaste t-shirt gelê – die een wat sy altyd oor naweke gedra het. Terwyl hy staan en kyk, leun sy vorentoe en daar dip een van haar borste in 'n bakkie in haar wasbak in. Skerp gee sy 'n gilletjie. Sam se hande ruk om sy koffiebeker. Daar was seker yskoue en vuil water in daai bakkie, dink hy, en voel jammer vir haar. Hy sê homself aan om nie té jammer te voel nie, om nie te veel aan daai koue water teen die warm tepeltjie te dink nie – hy kyk vir sy koffiebeker en fokus op sy hand op die oor.

***

Daar is moordwalvisse in pretparke. Dis hoe vrotsleg dit gaan in die wêreld waarin ons leef. Daar is rollercoasters met oorlog as tema, as foefie. Hy het dit met sy eie twee oë gesien: doringdraad met kersfeesliggies omgedraai, 'n regte-egte soldaat wat op aandag staan net om vir kiekies te pose, 'n geweer blink teen sy skouer. Oor 'n bier het Sam dit later vir sy vriende vertel – hard gelag en swartgallige grappies gemaak. Haha, die toergroepe en die nors soldate saamgebondel, die vet Amerikaners en die toergids se swaar aksent wat ywerig oor 'n megafoon teem, die potsierlike porseleinmannetjie met kak hare (die diktator?) wat hy by die gift shop gekoop het. Haha. Maar die waarheid is dat Sam skaars sy oë kon glo. Dit het hom ontsettend gewalg.

Op die toerbus terug het hy 'n sitplek langs 'n mooi meisie gekies. Sam is nie een vir silwer randjies nie, maar die meisie was daar en hy kon netsowel probeer. Sy was naby aan hom, sy was mooi – en hy het geen besware teen small talk gehad nie. Maar die meisie was kennelik nie goed met gesels nie. Sy het haar hande op haar gesig gesit elke keer as sy iets wou sê.

Party moordwalvisse word 'n honderd jaar oud, het hy weldra sit en dink, sy aandag aan die wegdryf terwyl die bus skommel. Selfs terwyl hy vir die mooi meisie oor sy hond, Gency, vertel. Selfs toe hy by die deel kom waar die dierbare Gency voor 'n kar in hardloop en nooit weer kon hardloop om balle te gaan haal sodat hy dit vir haar kon gooi nie. Hy't hom verbeel 'n moordwalvis swem saam langs die bus, vleg tussendeur die stad se wolkekrabbers en gooi 'n diep skadu oor hom en die meisie.

'Will you be my girlfriend?' het hy homself skielik hoor vra. Sy het hardop gelag. Gebloos. Hy't vir haar geglimlag. Wat 'n oulike ding om vir 'n vreemdeling te sê, het hy gedink.

★★★

Hoekom het goed altyd met hom gebeur? Allerhande goed. Maar tog, as niks gebeur nie, het Sam die leegheid om hom gevoel en dan was dit nog erger. Hy sit sy hande agter sy kop, staar na die plafon, en dink. Kon hy beter wees? Kon hy sy dae só organiseer dat die oomblikke daarin na iets begin voel? Toe hy vanoggend wakker word, was die mooi meisie langs hom in sy bed. Dis nie dat hy haar naam vergeet het nie. Eerder dat name net werk as jy hulle reg uitspreek. Jy moet minstens 70% seker wees 70% van die lettergrepe is korrek.

Gister het hy gevoel hoe sy angstigheid – die koue blok ys wat altyd in sy maag sit – ekstra swaar word toe die meisie haarself voorstel, en haarself twee keer moes herhaal. G'n manier, het hy besef, dat hy die snaakse klankies van haar naam sal kan namaak nie.

Op sy bed met sy hande agter sy kop ingevou, dink hy weer hieraan en besluit op die beste pad vorentoe:
   'Babe,' sê hy. Sewentig persent korrek want die meisie het groot borste en mooi bene. Gisteraand het sy gekla sy kry koud en nou is sy slapend uitgedos in sy nuwe langonderbroek en 'n vestie wat sy ma hom gegee het. Sy roer nie.
   'Babe,' herhaal hy.

Al is dit hartseer (die diere se oë agter glas), het Sam gedink hy en die meise kan afstap na die akwarium toe, as hulle eers goed wakker is. Sy's hier, die akwarium is naby, en hy het niks anders om vandag te doen nie. Hy kyk weer vir haar. Sy het een oog oop en loer vir hom, maar sy maak die oog vinnig toe, toe sy sien hy kyk.
   'Do you want coffee?' vra hy en staan op om die ketel te gaan aansit.

61

In die kombuis kyk hy oudergewoonte by die vuil venster uit, om te sien of sy buurvrou in haar uitgewaste blou hemp voor haar wasbak staan. Sy is nie daar nie. Sal hy vir die mooi meisie Cocopops maak? Hy ril. Bokspap en die manies-helder karakters op die goed. Die karakters se reuse oë. Oë wat afkyk – reg op kinders af. Sodat hulle in winkels aan hulle ma se rokspante kan pluk – iewers diep in hulle onderbewussyn oortuig die groot-oge het hulle beveel om ten alle koste huis toe te gaan met die boks in hulle besit. Weer ril Sam. Los maar die Cocopops.

'Milk, sugar?' roep hy kamer toe, maar daar's g'n antwoord nie.

**

'Yes, I love the aquarium,' sê die mooi meisie terwyl Sam vir haar 'n beker swart koffie aangee.

'But I have to go in a bit,' en sy drink versigtige klein slukkies.

'Yeah sure,' Sam se koffie brand sy tong, maar hy hou aan drink. Wat is hy veronderstel om met haar te doen? Is daar iets korrek waarop hy moet besluit? Iets wat 'n goeie ou sal doen? Die verskil tussen seun-wees en man-wees, dink hy, is dat alles nou vir hom soos 'n probleem lyk. Toe hy klein was, het hy rats boom geklim, straat-af gevlieg, vreesloos op sy skateboard. En nou? Hy word nie meer deur homself voortgestuur nie. Hy word herwaarts en derwaarts geneuk deur sy probleme wat saambondel en soos 'n reuse bal agter hom aanrol en hom voortjaag.

'Well, I'll see ya,' die meisie se aksent is swaar en vreemd en sy trek ongemaklik aan haar oorlelle soos sy praat. Staan ook nie op uit sy bed nie, ten spyte van wat sy gesê het. Sit kiertsregop in sy langonderbroek en hou die koffiebeker vas asof dit 'n skreeuende kind is.

'Yeah, okay, cool,' glimlag hy. Al is sy kennelik besig om in een van die probleme wat hy nie weet hoe om op te los nie, te verander.

'Hey, did you know…' die ongemaklike stilte begin vir hom onuithoudbaar voel, 'I mean I read this thing online last week if you're interested?'
Sy knik.
'Okay, so once there was a ship and a wild island. There was a ship approaching an island full of people who only knew their own island – they thought it was, like, the world. They didn't know about ships.'
Die meisie knik.
'So the important part, I guess, is that they had no word for 'ship', you know? And so the ship floated there for many days, maybe forever. Not being spoken about, not being seen.'
'That's wonderful,' sê die meisie gewoon en gooi haar kop terug om die warm koffie in groot slukke te polish.

Die deel wat hy uitgelos het, is hoe hy voel. Soos die eiland. Nee, soos die skip. Niemand praat oor hom nie, niemand sien hom nie.

'It's getting late,' sê hy, al was dit nie, en lig sy arm asof hy op 'n polshorlosie kyk, al dra hy nie een nie.

***

'Well, I'll see ya,' die mooi meisie staan in gister se rok by sy voordeur.
Moet hy beloftes maak? Dat hy sal bel? Is hy veronderstel om saam met haar uit te loop? Hy weet nie. Hy kyk vir sy koffiebeker en fokus op sy hand op die oor.

Hy wag 'n rukkie. Dalk sê sy iets oor wat sy voel, wat sy wil hê. Maar sy staan net. Kyk vir hom, stil soos 'n leë koevert. Wag rustig dat hy die deur oopsluit. Die wit dele van haar oë lyk witter as wat mens sou dink, dink Sam. En hy voel sleg oor sy babbelas. Konsentreer dan maar eerder op die sleutels en die deurknop en al die kettings en knoppies waarmee hy moet vroetel.

Buite op sy balkonnetjie kyk Sam na die bome voor sy woonstel. Hulle is netjiese mannetjies wat in die herfs hulle stink bessies gaan laat val, en die hele blok gaan ontsier. *Maar nie nou al nie,* herinner Sam homself. Wat het hy nou weer op 'n podcast gehoor? *Take the gifts of this hour,* dis wat dit was.

Hy kyk in die straat op en af. Daaronder staan die mooi meisie by die busstop en wag. Miskien is sy op pad akwarium toe? Sonder hom. *Is hy besig om dood te gaan?* Die gedagte tref hom skielik. En die antwoord is natuurlik *ja. Ja,* maar nie nou al nie? Sy bors voel snaaks. Hy kan sweer hy hoor 'n stem in sy kop. Is dit 'n tweede mooi meisie wat nou vanuit sy eie kop met hom praat? Of kom dit van sy buurvrou se woonstel af? Of is dit sy self in haar uitgewaste blou t-hemp? Of haar musiek?

'Here we are again,' het die stem gesê, nee gesing. Taylor Swift, besef Sam. En besef terselfdertyd dat hy aan sy balkonreling vasklou. Hy maak sy mond oop, laat sy stem saam met Taylor Swift s'n styg en daal.

'Here we are again,' sing hy met sy lomp, onsekere stem, 'in the middle of the night,' hy tel stoom op, sing harder, 'we're dancing in the kitchen by the refrigerator light.' Kan die mooi meisie hom dalk daar onder by die busstop hoor? Gaan sy opkyk? Nee – daar kom die bus aan en sy klim op.

Die Wonderlike Menslike Liggaam

'Jy moet my help,' sê Youngmi se boetie, Key, en pruil met sy klein-seuntjie lippe.

'Die Wonderlike Menslike Liggaam,' sê hy en tik-tik met sy potlood in sy huiswerkboek waar hy die opdrag neergeskryf het.

'Dis jóú huiswerk, Key,' sê sy, 'so jý moet dit doen.'

'Nee,' antwoord hy gewoon.

'Ek's laat vir werk,' sê sy. Maar dis nie waar nie.

Key het klaar begin om in die kombuislaaie te krap, half-leë botteltjies gom en pennetjies en goed ontdek. Goed wat hulle ma te senuweeagtig was om weg te gooi.

'Help my,' sê hy weer, en plak 'n handvol tissues, 'n hoop ou papiere, tou en tupperware vol doppies en knope op die tafel neer.

Youngmi sug.

'Kry die tape.' Sy sit drie ou rekeninge langs mekaar en wys vir haar boetie waar hy hulle moet las.

'Lyk goed,' sê sy soos hy dit omdraai. Dit doen nie. Maar dit sal moet deug. Sy kan sien Key worry al oor môre – gaan sy juffrou hom 'n C of 'n D gee, of laat buite staan totdat die klas verby is?

Key gaan kry sy kleurkryte en Youngmi help hom om 'n prentjie van 'n stokmannetjie met sigbare binnegoed te teken. Die slukderm, die longe, die lewer, die maag en al sy goedjies, die hart. In 'n ou medisynebottel kry hulle 'n plastieksakkie vol rooi blinkertjies en sit dit op die kolon. 'n Klomp blink swart knopies plak hulle op die lewer. Key krul 'n pypskoonmaker om sy vinger en plak die harige spiraal op die slukderm. Youngmi skeur advertensies wat lenings in heldergeel en -groen adverteer op, en omlyn die maag daarmee. Key kleur die longe in tot sy pienk en rooi kryte stompies is.

Uiteindelik hou hulle die poster op en Key sê: 'Wonderlik.' Youngmi gee vir hom sy ma se fancy pen aan sodat hy die opskrif kan skryf: 'Die Wonderlike Menslike Liggaam.'

Dis waar, dink sy. Mense is wonderlik. Maar nie altyd nie. Sy kyk vir haar boetie. Sy oë skandeer die poster vir foute, sien sy. Toe hy jonger was, het hy minder van hierdie soort ding gedoen, onthou sy. Sy stil geaardheid is besig om in iets anders te verander, besef sy, soos melk wat suur raak en iets word wat nie meer melk is nie. 'Ek moet gaan,' sy glimlag vir hom, 'soek jy iets van die winkel af?' Hy soek 'n perske.

Perskes het haar aan boude laat dink. En dít het haar aan Instagram laat dink. Om die poster op Instagram te sit, sal die kersie op die koek wees. Sy is mal oor Instagram. Die toekoms is wreed onsigbaar, maar Instagram is altyd dieselfde.

'Kimchi!' sê Key, om sy mond in 'n glimlag in te trek, die poster mooi opgehou vir haar selfoonkamera. Maar Youngmi staan op haar knieë, en hou haar foon só dat net die poster in die foto is.

'Goeie werk,' sê sy vir hom, 'gaan speel.'

Sy laai die foto op. Die poster lyk meer werklik noudat dit op Instagram is. Sy scroll verby haar foto en dan weer terug. 'n Hele paar keer.

★★★

Hoe kan dit wees, dink sy soos sy haar werkskoene aantrek, *dat iets werkliker kan raak as jy dit kleiner maak? Is almal om my*, wonder sy, *besig om kleiner te word, om afwaarts te groei?* In Mario Brothers, as een van die boeties deur 'n krokodil of 'n evil blom hardloop, flits en krimp hulle. Dit gebeur in die regte lewe ook, besef sy. Bloep, krimp.

Mense is wonderlik, maar dit keer nie dat hulle krimp nie. Is dit wat ander mense vir haar werklik maak? Kan sy hulle kleinkry omdat hulle deur die loop van hulle lewens krimp? Haar hande voel onbeholpe met haar skoenveters. Haar gesin het die afgelope paar jaar beslis al hoe kleiner geword. Haar pa se geaardheid, wat eens elektriese lig was, is nou 'n poeletjie nat noodles voor die TV. Haar ma staar na die advertensies op die bus en kyk nie meer by die vensters uit soos voorheen nie.

'Key!' roep Youngmi, 'kom gou hier!'

★★★

Youngmi vee die palm van haar hand oor die stuk karton wat agterop sê 'HomeShop Happy Shopping Time'. Sy het die boks uit die herwinning in die parkeerterrein gesteel en Key se poster daarop vasgepen.

Mense se grootste probleem, redeneer sy, *is dat hulle te veel vir hulself is om te verstaan*. Dis waarom hulle so krimp – om meer aanvaarbaar te wees in 'n wêreld waar ander mense se oë altyd op hulle gerig is. Youngmi weet nie hoekom nie, maar sy voel sy staan buite hierdie probleem, op die kantlyn. En dus is sy in staat daartoe om die probleem op te los. Dis die eenvoudigste verklaring vir waarom sy Key gevra het om sy poster te leen. Waarom sy nou buite HomeShop staan en dit omhoog hou, in plaas daarvan om in te gaan en haar werk te gaan doen. Dis 'n verklaring wat agterna opgemaak moet word, na die besluit uit die bloute gebeur het, maar steeds: dis 'n verklaring.

Die eerste customer wat haar sien, is 'n ma wat 'n pram stoot terwyl sy vir haarself in haar selfoonkamera kyk. Youngmi maak haar keel skoon toe die vrou verbystap.

'O!' skrik die ma. Seker vir die poster se helder kleure. Of vir Youngmi se kiertsregop rug en die besliste uitdrukking op haar gesig. Haar ruggraat reguit en haar borskas uitgestoot – vir die eerste keer, so voel sy, sedert sy by HomeShop begin werk het. 'Hello,' sê sy vir die ma en skud Key se poster effe. Die ma knik. Youngmi glimlag, dit voel goed om erken te word.

Die volgende ma wat by HomeShop inkom, stoot haar baba se pram in 'n promosie vir sokkerballe vas – haar aandag vasgevang deur Youngmi en haar poster. Die volgende een draai haar selfoonkamera om en neem 'n foto. Youngmi wys peace met haar vingers en glimlag mooi.

Die volgende customer is 'n oumatjie en sy stop om te gesels.
'En die?'
'Ek is nie seker nie, Tannie,' antwoord sy beleefd.
'Mooi kleure.'
'Dankie, Tannie.'
'Tannie koop vir jou vrugte, meisies moet hulle vrugte inkry.'
Sy het. Later het 'n ander customer vir haar 'n boksie soetryskoekies kom gee. En 'n ander een 'n tjoklit. 'n Kind het 'n servet vol HomeShop samples (kasies, worsies, jogurtjies) vir haar kom uithou – kennelik aasvoël op die *Promotional, Promotions* vloer gespeel.

Na 'n uur of wat daag 'n dame in 'n fancy broekpak op en hou haar selfoon na Youngmi uit.
'Kyk,' sê sy. Daar staat Youngmi, op die internet, met Key se poster in haar hand.
'Vreeslik baie likes,' sê die dame.

Sy weet nie wat om te antwoord nie.
'Ek skryf vir Human Interest,' sê die dame, 'wat wil jy sê? Wat

wil jy hê mense moet weet?'

Dis 'n verrassing, dink Youngmi, sy het gedag watookal sy wil hê mense moet weet was duidelik in die helder kleure van Key se poster te bespeur. Wat wil sy sê, as sy dan iets moet sê?

Sy kyk na die dame, probeer om die woorde by haar mond te laat uitkom. Die dame kyk haar aanmoedigend aan.

En toe hou dit op om saak te maak:

'Mejuffrou Kwon Youngmi!' Sy het dít eintlik baie vroeër al verwag, 'Mejuffrou Kwon Youngmi!' Die bestuurder se skerp stem sny deur die lug agter haar.

'Wat dink jy doen jy?'

Sy wil nie omdraai nie, hou haar oë op die dame se gesig en sien hoe haar uitdrukking verander soos die bestuurder naderkom. Haar mooi wenkbroue trek saam en haar ingekleurde lippe krul in, die mondhoekies na onder.

'Mejuffrou Kwon Youngmi,' weer kom dit en nou voel Youngmi die bestuurder se vingers wat haar hard aan die skouer gryp. Hy stink na sy smoke break.

'Hey, sit daai weg!' sê hy dringend. Want die dame, sien Youngmi, het haar selfoonkamera aan. Die bestuurder haal sy hand van haar skouer af, maar dis te laat. Die dame kyk na haar selfoonskerm en glimlag.

'Jy oortree op private eiendom, Juffrou,' sê hy. Hy klink amper nes wanneer hy HomeShop werknemers afdank wat dink dis okay om samples te steel. Ongelooflik kwaad, maar beheersd.

'En jy,' hy rig sy blik op haar en die poster, 'sit hierdie, uh, bykomstigheid weg – dis nie deel van die uniform nie.'

'Private eiendom?' vra die dame en kyk om haar rond, asof sy wou sê mense kom en gaan heeldag hier by HomeShop in en uit en dít is die punt van HomeShop. Sy lig haar selfoon en neem nog 'n foto van die bestuurder. Sy gesig raak 'n skakering rooier.

'Ek sal u moet vra om die perseel te verlaat,' sê hy. Youngmi knik en gee 'n groot tree.

'Nie jy nie, simpel,' sê hy en gryp haar arm. Die dame neem nog 'n foto.

'Hey!' die bestuurder hou sy hande op.

'Ek sou twee keer dink oor wie ek simpel noem,' sê die dame. 'Hierdie meisie is in jou sorg as jou werknemer.'

Youngmi kon nie help om aan haar eerste dag op die job te dink nie. Hoe sy haarself voorgestel het, diep gebuig het, en mooi gesê het, 'kyk asseblief mooi na my, Meneer,' nes haar ma haar geleer het, nes sy veronderstel was om te sê, nes alle jongmense doen. En hoe die bestuurder deur sy neus gesnork het en 'kyk na jouself' geantwoord het.

'Is dít waartoe die werksmag hulself hier moet wend?' vra die dame skerp, 'protes-aksie?' en sy beduie na Key se poster.

'Jy's op rekord, terloops.'

Op rekord! Youngmi kry hoendervleis. 'n Handjievol customers het eenkant begin saamdrom en staar. Met opgetrekte neuse kyk hulle vir die bestuurder, of wys nuuskierig na haar poster. Die bestuurder kyk senuweeagtig na die groepie.

'Kom saam met my, asseblief, altwee van julle,' sê hy skerp.

'Is hierdie 'n skool, Meneer die Prinsipaal?' sê die dame, maar sy kom tog. Die drie van hulle loop by HomeShop in, oor die linoleum vloere, op met die roltrappe (Youngmi hou Key se poster al die pad omhoog), tot hulle uiteindelik stoele uittrek, en in die bestuurder se kantoor gaan sit.

Die dame het baie te sê en die bestuurder se gesig het skynbaar 'n nimmereindigende kapasiteit vir skakerings van rooi. Sy haal getalle aan, getalle en statistieke. Sy pluk 'n lysie uit en ressiteer. Oor al die dinge waarop HomeShop werknemers gemagtig is. Volgens die wet! Maar nooit kry nie. Oor al die dinge wat HomeShop werknemers aan die pers rapporteer. Al die kortpaadjies, net om 'n paar sent vir CEO's te spaar wat dink hulle is die kat se pajamas. Youngmi het reeds hiervan geweet. Maar wat maak dit saak? dink sy. Daar is 4555 HomeShop takke regoor die land, en elkeen word bestuur deur mense wat seker maar dieselfde as haar bestuurder is. Haar bestuurder is 'n boelie, maar hy is ook 'n idioot. Wat kan hy aan die stand van sake doen?

Heeltyd val hy die dame in die rede met goed soos 'bespiegeling!', 'blote spekulasie!', 'ongegrond!' en 'volgens wie, Juffrou, volgens wie?'

'Dink jy ek geniet hierdie interaksie?' bars hy uit. Ná Youngmi al begin wonder het wanneer sy eendag uit die kantoorstoel kan opstaan om haar bene te strek.

'Dink jy ék word genoeg betaal?' en toe begin hy huil. Uit volle bors. Hy maak nie eers sy gesig met sy hande toe nie, neem grote slukke asem. Die dame word stil.

'Wat as ek my werk oor dít verloor?' Met dit beduie hy met sy hand na Youngmi toe. Dít, wys hy weer, asof sy 'n 'dit' is.

Op die ou einde is sy afgedank. Omdat sy nie volgens uniform aangetrek was nie. Dit was ná die bestuurder ophou huil het, en nadat die dame een laaste foto geneem het, en gegaan het.
Youngmi het haar lockertjie leeggemaak. Die vrouens wat die tills werk, het vir haar gewaai terwyl sy uitstap, met haar handsak oor haar skouer en Key se poster in haar hand.

***

'Loop,' sê haar ma toe Youngmi die nuus meedeel. Sy vee met haar hande oor haar grys hare. Sy bedoel Youngmi moet Key vat en vir 'n ruk iets gaan doen. Sy besluit op die moltrein, wat anders? 'Kom ons ry al die pad tot by die laaste stop,' glimlag sy vir haar boetie.

'Ek dink wat jy gedoen het, is braaf,' sê hy. Sou wou saamstem, maar sy voel nie meer so seker nie. Key kyk by die trein af, sy klein lyfie skommel saam met die klaks-klaks van die ysterwiele.

'Kan ons see toe gaan?' vra hy skielik en onverklaarbaar. Hulle bly ure van die kus af. Hulle was nog nooit eens by die see nie, om die waarheid te sê. Haar ma sê altyd: 'groot waterliggame is 'n mors van tyd vir mense soos ons'.

Key se oë lê groot en ernstig op Youngmi se gesig. Sy voel dit, maar dit voel te veel om terug te kyk. Sy sluit haar oë en verbeel haar sy ry agter op 'n dolfyn, terwyl hy deur die see klief. Hulle praat in die klieks en tjankies van dolfyntaal met mekaar. En sy dra twee seesterre op haar borste, in plaas van 'n bra. Dan eet sy en Key warm bredie in die hart van die oseaan. In 'n waterdigte huisie. 'n Kothuis op 'n plek waar die son deur die seewier en kelp val. In helder strepe blink deur die water, nes op TV.

Beau

Ek ontwikkel 'n lus vir weermagmans. Hulle is op die rand van my dorp gestasioneer. Net 'n paar van hulle weet hoe om in die plaaslike taal te asseblief en te dankie. Hulle leer nie om sagter te praat, soos wat hier gepas is nie. Almal weet dis teen hulle reëls om in die openbaar te drink, maar hulle drink in elk geval. Hulle skree hulle land se naam vir geen rede nie, en soos net mans kan, hard en aanhoudend. Die res van ons staar.

Ek ken die mans se dilemma. Die dilemma van oor begin. Hulle het 'n wonderlike postuur en die hare is altyd netjies gesny. Maar hulle kyk vroue uit hulle klere uit, maak luidrugtige aanmerkings oor tieties en boude. Halfpad tussen my tieties en boude, is daar 'n koue gat. Een wat effe groter rek elke keer as ek aan die vallende bomme dink. Die bomme is bomme, maar ek is nie bang vir hulle oor wat hulle is nie. Ek is bang vir myself, via die bomme. Wat gaan binne my gebeur, as ek hoor die tyd vir die bomme het finaal aangebreek? Die wete dat ek nie genoeg gedoen het nie, dat ek skaars liefgehad het? Boem, verby. Darem een genade: dat die dood gaan kom juis wanneer ek dit die nodigste gaan hê.

Ek was nog altyd die soort sucker wat glo dat ek sal kry wat ek nodig het, dat die here voorsien. Dis hoe ek vir Beau ontmoet het. Beau wat vir my oor 'n paar dinge gejok het, insluitend sy naam.

'Is it because your name is ridiculous that you use a fake name online?'

'Huh? No, Beau is my real name,' sê hy, en lyk asof hy probeer wegsteek dat hy iets wegsteek.

'But that's not what your profile says.'

'Oh yeah, work, you know. Do we have to use a condom?' Hy vee met sy duim oor my wenkbrou, seker 'n tweedehandse liefdesgebaar, 'I don't want to.'

'Yes we do, I have gonorrhoea,' sê ek, ewe slim, en leun vorentoe, geniet die reuk wat uit hom opslaan: sigarette, sy flenniehemp, 'n ander land, my spoeg.

'You're cute,' sê Beau, 'you're a weirdo.'

Sy voël is groot en die ingewikkelde heen-en-weer tussen my brein en poes slaag nie daarin om my daarvoor voor te berei nie.

'Eina,' sê ek.

'Is that better?' vra hy, kennelik die ouch in my eina gehoor, 'Baby?' Onmiddellik, sonder om enige iets anders te doen. Baby. Ek weet hy bedoel dit nie so nie, maar ek verbeel my die klein spokie van wie ek was toe ek klein was, verskyn om tussen ons peek-a-boo te kom speel.

'Kiss me,' sê hy, opdringerig, 'what's wrong? Kiss me.'

'Sjarrup,' byt ek, en toe klap ek hom. Sonder om te dink. Sy oë raak groter. Dan raak sy pupille nóg groter. Dan klap hy my terug.

Beau het 'n litteken onder sy baard. Regoor sy bo-lip en tot by sy mond in. Ek maak my mond oop om die krap van sy baard heen en weer oor my tong te voel. Hy brom 'n geluid wat ek in sy wange kan voel begin vibreer. Toe ons ontmoet het, onthou ek, het hy net 'n bietjie gelispel. Ek klou aan hom vas, ek raak weggevoer.

***

'You're rich,' sê ek, regop op die bed, en verkyk my aan die fancy hotelkamer. Beau is 'n belangrike man, hy's letterlik op 'n mission.

'Too bad you're leaving soon,' sê ek.

'Yeah,' glimlag hy, las iets in 'n vreemde taal by, 'that means life is suffering.' Hy wikkel sy wenkbroue vir my, 'I'm fluent in Russian, you know.'

In die badkamer druk ek 'n knoppie om die fancy toiletsitplek te verhit. My pis ruik na wyn. Beau kom in sonder om te klop en begin die bad te tap. Wanneer hy inklim, lyk hy meteens baie jonk en baie oud. Met sy arms uitgehou vir balans, glimlag hy effe vir homself.

'Come in,' sê hy en spat die water. Miskien is dit die verhitte toiletsitplek, maar ek voel vir die eerste keer onrustig. Ek kry snaaks hoendervleis. Waar eindig my vel en waar begin die toiletsitplek? Is ek iets meer as 'n matelose warm blerts? Met 'n jammerlike membraan wat my skaars in een stuk hou? My skaars beskerm?

Hy kyk vir my.
'It's okay,' sê hy, 'really.' Sy gesig lyk afgemat en uitgewas in die badkamer se skerp lig, 'come on in.'

My voete lyk vir my belaglik broos teen die teëls, ek sien in my geestesoog hoe Beau 'n enkel gryp as ek by die bad inklim, as ek kaal en kwesbaar met beide voete op gevaarlike oppervlaktes staan. Ek wat neerbliksem. My kop wat met 'n slag die geteëlde muur klap, my arm wat die rand van die bad tref en breek. Maar tog staan ek op, flush die toilet.
'Okay,' sê ek.

Ons mae in die water lyk soos kluitjies wat in sop dryf. Hy lyk gelukkig. Sit sommer sy kop onder die water en tussen my bene, en blaas borrels. Kom dan al laggende op.
'Can I be silly, for just a second?' Hy vee die water uit sy oë, kyk stil vir my totdat ek knik.
'I love you', sê hy. Hy leun swaar op die woorde. Sit vorentoe om my hande vas te hou. Ek antwoord iets wat ek twee keer moet herhaal, omdat oorloë geraas maak en Beau se gehoor deesdae onder 'n kombers hoë fluite toegegooi is. Hy spat my. Die water is heerlik.

Wangta

Hana kry steeds nagmarries oor die keer toe sy 'n beker sop op haar kleinboetie laat val het. Dit was 'n ongeluk. Maar haar ma het haar anyway in die badkamer toegesluit. En haar Game vir drie maande gekonfiskeer. Dit was haar straf, omdat haar boetie gebrand het. Haar Game was toe al gebreek. Maar sy wou hom nog gehad het.

By die skool noem almal Hana 'wangta'. Wang – koning. Ta – alleen. Alleenkoning. Dis wat die woord veronderstel is om te beteken. Hoekom sy? Uit al die stil en skaam kinders? Hoekom moet enige iemand wangta wees? Hoekom is daar so iets? Maar, bowenal, hoekom sy? Soms koor die ander kinders dit. Wang-ta, wang-ta, wang-ta. Partykeer sing die hele gebou dit. 'n Vloer vir elke graad, en elke vloer wat kyk hoe sy oor die gronde by die skool aankom – reg om vir haar te sing. Soms krap kinders in haar tas, en die onderwysers kyk anderpad.

Dis hoe haar Game gebreek het. 'n Seun het dit in haar tas gekry en haar later, in die kafeteria, daarmee gegooi. Haar Game het haar gesig getref en vloer toe gekletter. Daai selfde oggend was sy nog op die moltrein aan die speel. Haar kleinboetie het 'my beurt, my beurt' geneul en sy het hard nee gesê. *Is dit my straf*, het sy gewonder, haar hand op haar wang waar haar Game haar getref het, *omdat ek nie my boetie laat speel het nie*?

Haar Game was 'n geskenk van haar oom af. Hy het dit by 'n masjien buite die Seven Eleven gewen. Vroeër daai dag het hy 'n veerboot en toe drie verskillende treine en 'n bus gevat om by hulle te kom kuier. Dit was veronderstel om lekker te wees. Maar haar ma kon nie ophou skree nie. Oor almal al die lekker kos wat sy veronderstel was om te kook, opgeneuk het.

'Kom ons gaan uit, Prinses,' het haar oom gesê, en haar Seven Eleven toe gevat. Hy het haar gewys hoe vinnig en maklik hy 'n prys met die masjien se silwerklou en groot rooi knoppie kon vang. Hana se asem het in haar bors gaan sit toe haar oom die lug met sy vuis pomp en *yes yes yes!* sê. Haar Game het by die masjien se mond uitgeval, haar oom het dit opgetel en vir haar gegee. Hy het haar hand gevat en haar vingers styf om die harde plastiek toegevou.

'Dis wonderlik, Oom!' het sy gesê, en stralend na hom opgekyk. Hy het sy hande gewapper, *nee wat, nee wat*. Maar dit was wonderlik. Regtig. Partykeer gebeur dinge soos dié en laat alles vir 'n rukkie anders voel.

5

Hardnekkigheid

Ek leer klavierspeel. Stadig, omdat dit moeilik is. Maar vinnig ook, omdat ek ander instrumente kan speel. Hoeveel keer gaan dit my redding wees? Om te leer hoe om klein goedjies saam te las, om patrone te skep, om op die maat te tel? Ek staan vroeër as gewoonlik op en maak seker dat ek voor brekfis gaan stap. Ek kyk stip na die neushoringvoël se nes – as hy neerstryk, gaan ek reg wees om te sien.

Ek bestudeer die liedjies wat in die stort vassit. As sekere mense aanklop, maak ek nie die voordeur oop nie (ook leerwerk dié). Ek maak keelskoon en tel die foon vir belangrike sake op.

'Dis sy wat praat,' sê ek, oor myself, grootmeneer.

Ek sê vir my vriend hoe jammer ek oor sy pa is. Die pa wat nou dood is. Dis jammer, al was sy pa 'n doos. So leer ek om aan te hou sê wat voor die hand liggend is. Saggies sê ek vir myself dat my doelwitte nie ingewikkeld is nie: om te doen waarvoor ek lus kry, om aan te hou opstaan.

Die dreinslang

'Vat dit, Tante,' sê Joy. Dringend, ontsettend beleefd, 'vat dit tog, asseblief.'

Tante lag en vee oor haar gesig, laat 'n bruin streep agter. Wat alleenlik kak kan wees. Sy skud die dreinslang, om die ergste af te kry. Joy koes instinktief. Tante lag weer en vra om verskoning.

'Skuus tog,' sê sy hartlik. Ruk die dreinslang met een skerp pluk by die muurprop uit, en vang hom waffers soos hy uitspring. Tante het die dreinslang soos 'n perd gebreek. Soos 'n kerkorrel bemeester. Sy was die eerste een om die outydse handslang vir 'n elektroniese een te verruil. Jarre terug was sy skrikkerig vir elektroniese goed, maar Tante het kleintyd al geleer hoe om vrees in die gesig te staar, en deur te druk.

Joy leun vorentoe om die rooi geldjie in Tante se denim gatsak te sit, maar Tante leun terug en sit haar kakbesmeerde vingers (vier en 'n half) rondom Joy se fyn gewrig. Joy se verloofring skitter bang.

'Kind,' sê sy, 'Tante doen jou 'n guns.' 'n Guns. Joy se hele lyf wil die woord herhaal, dit styg soos opgooi in haar keel. Soos die klonte gestolde toiletpapier wat Tante se dreinslang uit die toilet se binnegoed gevis het, en orals oor haar badkamerteëls gespoeg het.

'Maar, Tante, dis laat en Tante het hard gewerk.'
'Nee wat, Kind,' antwoord sy ferm. Loodgieters moet murg in die pype hê, want die ganse nasie maak op loodgieters staat. Dis óf breek óf blom onder dié soort druk.

Sy hou Joy se blik in hare vas. Die lewe gaan oor teruggee en Joy

en Tante het hulself in 'n dans van gee-en-teruggee vasgevang.
Nee wat, Kind – maar Tante.

Naderhand val die volmaan helder en blou by die venster in, en
toor die dreinslang wakker. Hy maak sy longe vol. Oor die reuk
het Joy die deur wawyd oop laat staan. Stil-stil seil die slang oor die
vloer, al die pad by die deur uit, geruisloos, ongemerk.

Dié een

'As Ma iets kon doen, wat sou Ma doen?' Ek is tuis by my ma ná te veel jare weer eens verbygegaan het.

Ek dink eers dat sy haar gaan vervies, aandring dat sy al die ietse wat sy wou, wel kon doen. Maar, nee, sy antwoord rustig:
'Ek sou soos jy gemaak het,' haar gesig oop en eerlik.

Met haar hand maak my ma 'n kurwe deur die lug. Ek weet nie wat sy bedoel nie. Miskien wil sy die vorm van die wêreld beklemtoon, of hoe ek daaroor reis. Ek hou nie van reis nie, maar sy wel. As sy vreemdelinge op vreemde plekke teëkom, vat sy aan hulle skouers, knoop geselsies aan. Dis vir haar lekker om Engels te kan praat. As sy terug by die huis is, roep sy die buurvrou bo-oor die muur.
    'We was away for the weekend, Agata!'
En Agata, Poolse immigrant, antwoord in ewe gebroke (maar anders gebroke) Engels:
    'Welcome again to your home, Alida!'

Alida kla oor die swak rand en die belaglike pryse van vliegtuigkaartjies, en kyk my op en af. Sy wil hê ek moet 'n gebaar maak, iets spesiaals vir haar doen. 'n Pakket koop, 'n bed-en-brekfis bespreek. Teen haar sin moes sy aanvaar dat sy deel uitmaak van 'n groep ou Afrikaners, wie se kinders sonder hulle uit Suid-Afrika vort is. En dit sou net reg wees dat sy vir hierdie skande vergoed word.

Ek word afgepers tot ek saam kerk toe gaan. Ons staan na die tyd (vir kwaadgeld, myns insiens) buite op die gras. My ma se vrinne sien hul kans en skuifel nader.
    'Dié een bly oorsee, soos julle weet,' sê sy en vat aan my laerug (iets wat sy nooit doen as dit net die twee van ons is nie). My ooms

en tannies in Christus staan nader, stoot hulle pruilmondjies uit vir soengroet. Die nagmaalwyn, nog soet agter in my keel, is ook op hulle asems.

'Ja, natuurlik, oorsee,' knik hulle. Die kerkgebou staan vierkantig agter ons en wag vir volgende Sondag, soos 'n bosluis in die lang gras wag. Die droë, wit lig van die hoëveld val op ons groepietjie: voosgevatte leerbybels, outydse comb-overs en blou perms, verbleikte maar gestrykte rokke en pakke met odd-man-out knopies. Praktiese skoene, natuurlik. Alles lyk mooi in die regte lig.

'Pragtig, jy het pragtig grootgeword,' sê een en ek sê 'dankie, Tannie.'

'Goeie werk, jou ma sê jy het 'n goeie werk,' en ek sê, 'dankie, Oom.' En dan, telkens: 'reël 'n trippetjie,' hulle almal knik, 'jou ma is so lief vir reis.'

Reël 'n fokken trippetjie. Ek sal nie. Want ek wil nie van my geld afstaan nie. Dié een bly dalk oorsee, maar my ma het ander kinders. Hoekom moet die reëlings vir iets so onsettend duur op dié een se skouers val? My ma, in 'n sonhoed en met plakkies aan, wat iets eksoties op 'n eksotiese strand drink en wildvreemdelinge vra om haar af te neem! Vrygewigheid is nie my sterk punt nie, en so 'n fantastiese vertoning van liefde sou net vir my gepas gewees het as ek my ma se witbroodjie was. En die bewyse dui op die teenoorgestelde. Maar ek kan haar nie blameer nie – my liefde vir haar is so gekneus en geknak soos hare vir my. 'Dié een is die moeilike enetjie,' sê sy as sy oor my praat. 'Dié een is die bybie,' bedoelende daar is iets soos jongste-kind-sindroom en ek ly beslis daaraan. 'Dié een is ongetroud,' waarmee sy óf welgedaan óf die teenoorgestelde impliseer. 'Dié een is die eiewyse een.'

'Dié een,' sê sy gewoon, en kyk my so. 'Die een is terug!' skree sy oor die muur vir Agata en Agata welcome my again by my home.

85

'As Ma iets kon doen, wat sou Ma doen?' vra ek, want ongevraagde gesprekke is al geskenk wat ek uit my swart hart gedwing kry.

'Ek sou soos jy gemaak het,' antwoord sy. Haar mond trek skeef eenkant toe.

'Die hele wêreld...' begin sy, maar keer haarself.

'Jy weet mos...' My ma sprei haar vingers oor haar knieë om die artritis te paai.

'Ek kon nie move nie,' sê sy. Ek sien hoe haar vingerpunte by die sagte vel om haar knieë inbeur.

'Ek kon nie move nie,' sê sy weer.

Fokken wonderlik

Tim het sewe swart onderbroeke en sewe wit onderhemde. Hy organiseer sy eetgerei volgens hoe gereeld dit gebruik word. Hy bêre altyd sy kitaar in sy kas. Tim dink aan die toekoms. Hy wil nie die Appalachian Trail saam met my gaan stap nie, maar hy wil ook nie so sê nie.

'Maybe Thailand,' sê hy.

Ons het ontmoet toe Tim besluit het dis tyd om die wêreld te sien. Ek het ook so besluit, dis hoe ons op mekaar afgekom het. Die wêreld is groter en gevaarliker as wat mens dink. Maar Tim het altyd 'n goeie werk en 'n goeie mediese fonds. Hy het 'n spaarrekening. Hy het 'n plan. Ek neul by hom hy moet stokkiesdraai, iets lekkers saam met my kom doen. Maar hy weier. Hy gaan sonder uitsondering werk toe. Elke aand doen hy sy workout. Hy vang die bus op presies die regte tyd. Oor naweke tos hy twee keer 'n dag.

Tim raak verlief op 'n reeks kort, depressiewe vrouens wat sukkelend met hom Engels praat. Ek gebruik die woord 'fetish.' Hy kyk by sy koffiekoppie in en draai sy kop effe diékant toe, effe dááikant toe. Dis hoe iemand soos hy na hul asem snak en jou deur die gesig klap. Weldra vergewe hy my. Ons ontdek 'n basketballbaan en speel tot ons moet gaan sit. Hy leer klavier speel. Ons eet rys. Ons raak in moltreine aan die slaap. Ons gaan klim berge en ontdek dat swart naaldekokers bestaan. Trots sit ons ons hande op ons heupe, en kyk vir die uitsig.

Ons sien die wye wêreld. Ek gebruik dwelms. Tim verkies lê bo sit en staan. Partykeer slaap ons 'n hele dag om. My kamer is donker en koel. Tim sit sy vingers om my gewrig – sy duim rus op sy voorvinger. Hy soen my kroontjie.

'Sorry about my boner,' sê hy en gee my 'n onskuldige drukkie.

'I don't like liking football,' vertel hy soos ons langs 'n rivier loop, 'but I really do like it.' Hy glimlag. 'Come on, idiots!' demonstreer hy vir my hoe hy op hulle skree. 'I love my brothers more than anything,' sê hy terwyl ons vir 'n toneelstuk wag om te begin. 'What are you?' lag hy as hy my yskas oopmaak en net rye en rye uie sien. Saans bel ons mekaar vir g'n rede nie en sê nie veel nie.

'You are the best person I know,' sê hy, 'you are goddamn terrific.' 'Fokken wonderlik,' vertaal ek en hy lag.

Tim wil praat. Ek wil nie. 'Are you mad at me?' Hy is angstig. 'Jesus Christ,' hy is kwaad. 'Since when,' hy is gatvol, 'do you not want to talk to me?'

'Personal?' hy snork deur sy neus, 'personal?' 'You're being a coward,' sê hy, sy gesig bloedrooi. Hy trek weg. Hy kom terug. Ons hou hande vas langs die rivier. Ons het veels gelukkige verjaarsdae.

Iets stomp en naamloos gebeur met my. En hou aan gebeur. Ek probeer (aanvanklik) om nie agter te kom nie. En dan (later) om deur te druk. Maar vieruur die oggend begin soos enige ander tyd arriveer. Tweeuur die middag is nóg vir werk nóg vir middagete. Dinsdag en Saterdag is dieselfde naamlose plek. Die straat is vol mense wat my afwag met dolke in hulle oë.

Tim wil hê ek moet my regruk. Ek kan my nie regruk nie. Sy mond maak stadig oop en toe. Sy gesig is plat en onbekend. Hy soen my vingerpunte. Die son en die maan ruil eindeloos plekke om. Tim is al mens op aarde. Hy is die eerste en die laaste een.

Op 'n dag sien hy 'n spinnekop op my bors.

'Shit,' sê hy, mos bang vir hulle, maar sy stem klink diep en kalm. Die spinnekop hardloop oor my borsbeen en weer terug, tot oor my tepel. My hand lê teen Tim se nek – ek voel hoe sy pols spoed optel.

Gordonsbaai

In die goeie ou dae, toe hulle in Gordonsbaai gebly het, het Mamma en Pappa stywe, wit broeke aangetrek, hulle bevelvoerders gesalueer, en die good fight op die smal weg voortgesit. Tot vandag toe smile die good fight blink in die foto's in die gang by die badkamer.

Mamma en Pappa het voorheen onthaal – tannies met soet reuke en ooms met honger oë. Almal laggend om versnaperinkies en bier. Die sitkamer het weergalm van die lag. Ek het in my wegkruipplek onder die trap gaan sit, my hande gevou om te bid.

Maar dit was vroeër. Mamma en Pappa het 'n diep en veelkleurige teleurstelling beleef, en hulle is te moeg en te verward om te lag. Om sake te vereger, soen ek hulle nie meer nie.

Natuurlik sal ek nie dat hulle vir my drukkies gee nie. Drukkies gee is streke wat hulle by Afrikaanse tieners geleer het – tieners wat dit weer by Amerikaanse TV afgekyk het. (Partykeer kyk Mamma en Pappa TV en skree vir dit wat daarop aangaan.)

Ek het terug huis toe getrek, al is ek nie welkom nie. Terug uit die dood van my grootmenslewe se klein woonstelletjie in die stad. My doel: om by Mamma en Pappa te spook.
Ek het die volgende saamgebring: omgewingsvriendelike skoonmaakgoed, verskriklike geel skottelgoedwas-handskoene, 'n lysie geheime griewe.

Ek ruim die kak wat my ouers versamel op. Ek *boe!* geel om donker hoekies. Weldra raak Mamma en Pappa ongemaklik, skrikkerig. Natuurlik probeer hulle my met die stofsuier opsuig, want dit is wat die TV sê om met spoke te maak. Mamma en Pappa glo maklik). Maar hulle kan my nie vang nie en hulle kan my nie uitoorlê nie. Ek is rats en slim en hulle is oud.

Hulle staan stom in die donker gang by die badkamer, kyk vir die foto's. Daar is 'n foto van 'n man met swart krulle op sy kop en lyne op sy gesig. Daar is 'n foto van 'n troue. Vyf foto's van skepe uit verskillende hoeke geneem. Matrose wat salueer – op een foto in erns, op 'n ander een net om gek te skeer. Daar is 'n foto van 'n mooi meisie – die een wat nou dood is – wat kosmos vashou en haar kop liefies draai soos sy glimlag. Daar is 'n baba op die oorkanste muur, wat grootoog na alles kyk.

Mamma en Pappa staan gereeld daar en kyk na die foto's. Die geraamde oorwinning. Pappa, 'n kaptein op 'n skip, wat lyk of hy pas van iewers belangrik af kom, iewers waar hy belangrike knoppies op groot masjiene druk. Rooi knoppies, neem ek aan. Lyk asof hy pas programme geskryf het, die klieks-klaks van sleutelborde nog in sy tande soos hy vir die kamera glimlag.

En Mamma met haar mooi tieties. Goue borspeldjies wat op haar uniform skitter. Regulasieskoene aan haar voete. Uitsonderlike postuur. Regop staan sy voor 'n moerse gebou, omdat moerse geboue kommunikeer: pasop vir ons, ons gaan julle te pletter loop.

Gordonsbaai is tussen die twee foto's geraam. Dis sononder in die foto en die berg kyk helder uit op die kaai – lieflik, perfek, soos 'n skip in 'n bottel.

'Skuus, ouers' sê ek, soos ek in die gang by hulle verbyskuur. Ek trek 'n swartsak agterna en dit stamp teen hulle bene. Die swartsak is vol van hulle goed. Kak. Kak wat ek gaan weggooi. Mamma en Pappa weet wat ek in die mou voer en brom ontevrede. Maar ek dink slim.

'Hierdie is vuilgoed,' sê ek en glimlag asof ek hulle 'n guns doen. Maar dis nie 'n guns nie. Ek wil hulle ontneem van dit wat hulle versamel het.

Die bloukraanvoëlreservaat

'Did you bring water?' Natuurlik het ek. Die bottel stamp teen sy lippe soos ons oor die bruggie stap. Ek hou aan sy elmboog vas (oor die vrot hout onder ons voete).

'Be careful,' sê ek. 'n Druppeltjie water rol teen sy nek af.

'Dankie, my skat,' sê Tim, want dis hoe ek hom geleer het om met my te praat. Hy vat my handsak en sit die bottel water terug. Ek hou aan stap, op die uitkyk vir die blou kop en die blou nek, wat ek netnou aan die anderkant van die dammetjie sien uitloer het.

'Waggggg,' sê hy, met te veel asem op die g, 'my skat,' want hy is mal oor die woord skat. Maar Tim kan nie die kort, skerp *a* in skat uitspreek nie en kom met 'my skeit' uit.

'Dankie my skeit,' sê hy, 'for the water.'

'Yes,' sê ek, 'keep hydrated,' die woorde dik en lomp in my keel. Ek besef dit klink verkeerd sodra dit uit is. Maar wat kan ek doen? Dis klaar gesê. Tim lag. Sê ek moet stop en hy druk my vas, soen my op die kroon van my kop, hou my hand vas sodat ons die res van die brug hand-aan-hand kan oorsteek.

'Keep hydrated, my skeit,' lag hy en las nog 'n troetelnaampie by, omdat ons hande vashou op 'n bruggie, 'my bokkie'. Tim dink 'bokkie' beteken 'small goat.' Want dis die leuen wat ek hom vertel het. Natuurlik is bokkie nie bloot goat nie. Bokkie is iets dierbaars met groot oë en lang bene. Ek het hom nie reg geleer nie. Ek het hom net geleer wat ek hom wóú leer. Bokkie as konsep behoort aan my. En volgens my definisie van bokkies sal die bloukraanvoël waarvoor ons hier is, beslis kwalifiseer.

Sodra die vrot hout op die bruggie op die oewer uitloop, sien ons hom. Hy is baie groot. Vir 'n voël is hy baie, baie groot.

'Look!' sê Tim, sy vingers te styf om myne, 'look!'

Ek kyk. Maar ek kyk eers vir Tim voor ek vir die kraanvoël kyk. Die kraanvoël sal blou wees, met knopknieggies – basies die voël-weergawe van 'n spermwalvis. Maar Tim is iets om te aanskou. Hy herinner my op 'n manier aan 'n hoender. Die henne wat ouma getrain het om hulle knieggies te buig, en die vlerkies uit te stoot, dat jy hulle kan optel en ronddra as jy wil. Hulle lelle en hulle nekkies wat soos krom vraagtekens vorentoe beur. Hulle hartjies se verskriklike geklop onder die vere teen jou palm as jy hulle dra.

'Oh', sê hy weer en staan botstil, 'look.' Ek kyk inderdaad steeds en ek kan sy polsslag deur die dun vel op sy nek sien. Sy hart klop te vinnig. Dit lyk vir my al hoe minder soos 'n hart, en al hoe meer soos 'n origami kraanvoël wat vanself op-en-af en oop-en-toe vou. Te vinnig, 'n orkaantjie in 'n kamerlose vertrek vasgevang.

'Tim,' sê ek.

'Isn't it so beautiful?' sê hy, en ook, as gebaar, 'baie mooi.'

Ons staan vir 'n ruk daar en kyk.

'I'm done now,' sê hy uiteindelik. Asof sy maag vol is na aandete, asof hy klaar is met seks na dit te lank aangehou het, asof hy klaar sy sê gesê het as ons baklei. My move. My beurt om iets te sê, om iets te doen. Maar ek weet nie hoe om aan te beweeg van klaarwees nie. Die bloukraanvoël het blink oë, en knip in my rigting. Dit voel asof hy vir my staar. Rondom ons gooi die bome dik skaduwees.

'This place,' sê Tim dan.

'What about it?' sê ek.

Tim draai sy lyf na myne toe, sy gesig is uitdrukkingloos. Of dalk is elke uitdrukking onder die son op sy gesig, en dis net ek wat hom nie kan lees nie.

'I dunno,' sê hy, sy hand ernstig teen sy bors. Asof die

bloukraanvoëlreservaat een van die aaklige plekke is waarheen ek hom gesleep het. Die aaklige plekke wat hy moet sien, omdat hy 'n toeris is, omdat hy die waarheid oor wat in hierdie land aangegaan het, moet weet.

Nat Speedo

'Jou jongste oom,' sê my pa, 'wat soos 'n Griekse godjie lyk.'

'Goue lokke wat tot by sy skouers val. So agt jaar oud – tien jaar jonger as ek. Baie maer. Maar met spiertjies ook, soos kinders maar het.' Hy beduie en glimlag soos hy praat.

'Dag in en uit loop hy nét in sy goudgeel speedo'tjie rond. Swem vir ure en lê na die tyd in die son.'

'Jy kan jou indink hoe hy gelyk het,' praat my pa verder, 'goudbruin gebrand, met sy goue lokke. En dan pronk hy met sy papnat speedo die hele huis deur.'

'Toe, op 'n dag,' my pa kyk nie na my nie (hy's met sy eie storie weggevoer), maar ek maak 'n punt daarvan om weg te kyk, as hy by 'toe, op 'n dag' kom.

'Toe, op 'n dag kom hy by my kamer in. Op soek na sy bal of iets, tipies kind. En ek,' my pa versit op die bank en probeer een van sy bene oplig – 'ek weet nie wat besiel my nie, ek lig my been hoog op en pluk sy speedo met my voet af!'

My pa lag. Hy beduie met sy wysvinger na sy linkerslaap.

'En dis hoe ek dié gekry het,' sê hy, soos 'n aanklaer wat 'n bloederige vingerafdruk uitwys. Hy tik met sy vinger teen sy slaap, 'dis hoe ek dié gekry het,' herhaal hy. Maar ek sien niks. Ek sien helemal niks.

'My getackle,' lag my pa, 'woedend.'

Die verkeerdste ding

Mary was 'n paar weke lank die nuwe kind. En toe dit eers verby was, die enigste swart een. Henali het geweet sy verdien nie Mary se vriendskap nie, maar, gelukkig vir haar wou niemand anders met Mary speel nie, nes niemand anders met haar wou speel nie. Die noodlot het hulle saamgegooi. 'n Geskenk van bo, het Henali gedink, maar nie almal het dit só gesien nie. Henali moes soms (meer gereeld as wat sy sou wou) haar palms op die regte oomblik op die klas se houtlessenaars klap. Sodat almal nie sou hoor dat iemand die k-woord gesê het nie. Henali se ma het haar die dood voor die oë gesweer as sý ooit daai woord sou gebruik. Want hulle huis was opgevoed. Opgevoed en meer bevoorreg as Henali se eindelose lys ooms en tannies en niggies en nefies wat op eindelose niks-en-nêrens-plekke dwarsoor die land geboer het. 'My dogters sal nié daardie ongepoetse woord uiter nie,' het my ma gesê en op my pa geskree as dit lyk of hy wou grappies maak.

Henali het nie grappies gemaak nie. Vir haar was dit onrusbarend (maar nie verrassend nie) telkens wanneer sy haar onderwysers die k-woord hoor sê het – vir of oor Mary, partykeer. Maar net op slim maniertjies, maniertjies wat hulle nie in die moeilikheid sou laat kom nie. Mary het net een keer gehuil. Haar kop weer en weer en weer teen die klinkersteen van hulle graad vier klaskamer gekap. Totaal ontroosbaar.

Henali het probeer om nog 'n huilery te voorspel, sodat sy dit sou kon vermy. Maar Mary was besonders taai. En Henali het probeer om te fokus op die lang gras as sy en Mary deur die veld hardloop, op die warmte van haar maat se asem, op die taaigeid en gelag as hulle jellybabies moor en dan deel, die solidariteit van hulle lywe wat saam verander. Naderhand was dit vier jaar later en sy het Mary as 'my beste vriendin' beskryf as mense vra.

Eendag het Mary die klok wat die einde van pouse aankondig geïgnoreer, en Henali 'n skerp kyk gegee.

'Hoekom dring jy aan om my dit te noem?'

'Wat?'

'Mary. Hoekom noem jy my Mary?'

Was die vraag 'n toets wat sy besig was om te dop? Of was al die jare van vriendskap 'n lang toets, wat sy voortdurend gedop het?

'Want dis jou naam,' het sy ongemaklik gelag.

'Dis nie my naam nie. Dis wat my ma gesê het ek moet myself noem, dat ek nie geboelie word nie. Is dit nie obvious nie? Watter soort naam is fokken 'Mary'? Dis 'n simpel, betekenlose witmensnaam.'

'Nooit!' Henali het hardop gelag, meer gefaal.

'Kyk, as jy my nie wil glo nie, is daar niks wat ek aan jou saligheid kan doen nie. Ek praat oor mý naam, nie joune nie.'

'Wel,' het sy naderhand bygekom, 'wat is jou naam dan?'

'Basetsana,' het Mary gesê. Vier keer, ferm.

'Aangename kennis, Basetsana,' Henali het haar hand uitgesteek en geglimlag.

Toe hulle palms raak, was dit warm, maar sy het met 'n koue sekerheid geweet wat sy voorheen probeer ontken het. Soos 'n mes het dit warm-koud in haar bene gesteek. Sy het probeer om dit uit haar oë uit te knip, maar Basetsana het haar blik gehou, en haar hand stywer gedruk.

'Ons gaan laat wees,' het Henali uiteindelik gesê, toe sy onthou pouse is verby, 'en dis Juffrou Maartens se klas.'

Henali het bly sit, sy't swaar en oud gevoel. Basetsana het opgespring, 'n snaakse gesig getrek, en begin hardloop: haar kaal voete het oor die plaveisel geklap, haar skoolrok het agter teen haar bobene gewapper, die son het in helder kolle oor haar vel gedans.

'Haai!' Henali het agterna geroep, 'n stywe, loodswaar gevoel in haar lyf.

'Haai Mary, wag vir my!'

Maar sy het nie omgekyk nie. Om wraak te neem, het Henali nie haar fout reggemaak nie. Miskien die verkeerdste van al die verkeerde goed wat sy al gedoen het.

Dikkoppies

'Sy bly net vir 'n rukkie en dan vat sy weer die pad,' Mamma tree nader aan oom Danie en sê dit sameswerend. Asof sy en Oom Danie my na skool agter die badkamers gaan inwag, om vir my te wys wat met kinders gebeur wat net vir 'n rukkie bly en dan weer die pad vat.

'Dis hoe sy is!'

'My gedorie,' sê Oom Danie en beduie ek en Mamma moet in sy tuin kom staan, moet uit die pad kom, al loop ons altyd sommer in die middel van die pad as ons om die blok stap.

'Hoe vlieg die tyd nie. Om te dink ek onthou jou as kleintjie wat aan Mamma se rok vasklou.'

'Nou is sy yslik,' sê Mamma.

'Yslik!' sê sy weer en knik. Asof oom Danie dit gesê het en sy maar net saamstem.

'Nou ja,' sê hy, 'die voëls, julle weet,' hy skuifel-skuifel met sy oumansvoete oor die gras, 'enetjie het nou afgesterf.'

'Ek het op haar dooie lyfie afgekom,' hy beduie die bosse in, wysvinger wat bewe, 'sy was 30 jaar oud gewees.'

Dekades gelede het oom Danie die dikkoppies vanuit die veldjie onder teen die bult na sy tuin toe gelok. Dit het hom meelwurms en bloedwurms en bitterlik baie geduld gekos. Dit was nie asof hy hulle wou steel nie. Hy het nog nooit 'n heining gehad nie – as hulle die pad wou vat, kon hulle.

Sy bewerige wysvinger vee oor sy oog, vee 'n traan weg.

'Die mannetjie het nou op die nes begin sit. Hy broei. Maar is die kuikentjies nie dalk al dood binne-in die eiers nie? Ons sal nie kan sê nie,' skud hy sy kop, bewoë.

'Sy was 30 jaar oud gewees.'

Mamma staan nader en sit 'n hand op sy skouer.

'Sy was deel van jou lewe, nè, Danie?'

Hy knik, snik nog trane.

Soos ons wegstap, kyk Mamma na my met iets swaar om haar mond. Sy vra my gewoon: 'Is jy al 30?' en draai om en waai vir oom Danie voor ek ja of nee kan sê.

Printed in the United States
by Baker & Taylor Publisher Services